AF549616

JOKE J. HERMSEN

MELANCHOLIE IN UNSICHEREN ZEITEN

Aus dem Niederländischen
von Bärbel Jänicke

HarperCollins

Die niederländische Originalausgabe erschien 2017
unter dem Titel *Melancholie van de onrust*
bei Uitgeverij De Arbeiderspers, Amsterdam.

1. Auflage 2021
Deutsche Erstausgabe

Umschlaggestaltung von Büro Jorge Schmidt
für Kommunikationsdesign, München
Umschlagabbildung von Asselyn, Jan (1610-52)/Dutch,
Standort Rijksmuseum, Amsterdam, The Netherlands
Gesetzt aus der Stempel Garamond
von GGP Media GmbH, Pößneck
Druck und Bindung von CPI books GmbH, Leck
Printed in Germany
ISBN 978-3-7499-0237-8
www.harpercollins.de

INHALT

1. Der bedrohte Schwan 7
2. Melancholie zu allen Zeiten und in allen Kulturen 23
3. Melancholie und Kindheit 53
4. Melancholie und Kunst 70
5. Melancholie und Läuterung 88
6. Melancholie und Angst 104
7. Melancholie und Natalität 123
8. Melancholie und die Welt, damals und heute 155
9. Melancholie der Hoffnung 185

Dank 215
Anmerkungen 221
Bibliografie 231
Bildnachweis 238

Jan Asselijn, *Der bedrohte Schwan* (1650)

1

DER BEDROHTE SCHWAN

> Depression is melancholy
> minus its charms.
>
> – SUSAN SONTAG

Ruhig und ehrwürdig paddelt er durch das Wasser, die Beine im Schlamm badend, den langen weißen Hals zu den Wolken erhoben. Von allen Vögeln hat vor allem der Schwan unsere melancholische Vorstellungskraft beflügelt. Er fasziniert durch seine stattliche Haltung und seine anmutigen Schwimmbewegungen, er flößt aber auch Respekt ein, wenn er sich mit seinen großen Flügeln schlagend aus dem Wasser erhebt und seine gefiederte Gestalt durch die Lüfte bewegt. Wie die Melancholie vereint auch der Schwan Extreme in sich: Schwere und Leichtigkeit, Ruhe und Bedrohung, Schönheit und Angst. Italo Calvino beschrieb die Melancholie als »leicht gewordene Traurigkeit«[1], Victor Hugo bezeichnete sie als »das Glück, traurig zu sein«[2]. Dem Schwan wären solche widersprüchlichen Gefühle wohl nicht fremd. Schließlich singt er einem alten Aberglauben zufolge wehmütig seinem Tod entgegen. Daher rührt die Redeweise, mit der wir das letzte Werk eines Dichters oder Komponisten als »Schwanengesang« bezeichnen.

Dieser Aberglaube geht auf die Antike zurück. In Platons *Phaidon* behauptet der sterbende Sokrates, dass die Schwäne in der Stunde ihres Todes nicht aus Traurigkeit so wunderbar sängen, sondern weil sie bald bei ihrem Gott Apollon sein würden. Außer in der griechischen Mythologie, wo er als Begleiter von Aphrodite oder als Gestalt von Zeus und Kyknos erscheint, spielt der Schwan auch in der finnischen, irischen und nordischen Sagenwelt eine Rolle. Er gilt hier vor allem als Symbol der Weisheit, Schönheit und Wehmut. Auch in der Musik, der Literatur und der bildenden Kunst hat der Schwan seine Spuren hinterlassen. In zahlreichen Werken, von »Der Karneval der Tiere« von Camille Saint-Saëns über »Der Schwan« von Charles Baudelaire bis hin zu »Zwanen in Vincennes« (Schwäne in Vincennes) von Stefan Hertmans, steht der weiße Schwimmvogel als Symbol für unsere Melancholie.

Eines der berühmtesten niederländischen Gemälde eines Schwans ist das von Jan Asselijn geschaffene Bild *Der bedrohte Schwan* aus dem Jahr 1650. Von ruhiger

Ergebenheit oder wehmütigem Gesang kann bei diesem Schwan keine Rede mehr sein. Der Vogel, unter dem DE RAAD-PENSIONARIS (Der Ratspensionär) geschrieben steht, erhebt sich wütend aus seinem Nest, stößt seinen Kopf angriffslustig nach vorne und schlägt mit den Flügeln nach seinem Angreifer, einem schwarzen Hund am gegenüberliegenden Ufer. Es ist eines der letzten Gemälde von Asselijn, einem Zeitgenossen Rembrandts, und gilt, auch aufgrund der später hinzugefügten Texte, als eine der berühmtesten allegorischen Darstellungen der Gefahren, von denen sich Holland im 17. Jahrhundert bedroht sah.

»Der Schwan von Asselijn, der lebensgroß / die ganze Leinwand diagonal durchmisst«, schrieb Ida Gerhardt, ist ein »Erzschwan, streitbar auf das Nest bedacht«. Er muss sein Nest mit Eiern, worauf HOLLAND geschrieben steht, gegen die Angriffe seines Bedrängers verteidigen, und er tut dies überzeugend und mit Verve. Über der Szene hängt die Zukunft wie eine eigentümlich drohende Wolke am Himmel, der Horizont färbt sich im Licht der untergehenden Sonne schon in Blassorange. Der Schwan ist imponierend in seinem heißblütigen Bemühen, sein Nest vor dem Hund zu schützen, der als DE VIJAND VAN DE STAAT, als Staatsfeind, bezeichnet wird – gemeint ist Wilhelm III. von Oranien.

Der Schwan verweist auf Johan de Witt, der während des Goldenen Zeitalters fast zwanzig Jahre lang

Ratspensionär der Provinz Holland und damit einer der bedeutendsten Politiker des Landes war. Zusammen mit seinem Bruder Cornelis sorgte er dafür, dass die Städte in der Hand der staatstreuen Führer blieben und nicht in die Hände der Orangisten fielen. Seine politischen Qualitäten hielten die Republik zusammen und führten zu einer Periode ungekannten Wohlstands. Doch im Katastrophenjahr 1672 wurde die Republik der Sieben Vereinigten Provinzen sowohl von Frankreich als auch von England angegriffen; sie unterlagen schließlich Frankreich. Nach dieser Niederlage wurde Johan de Witt des Landesverrats beschuldigt, er verlor seine Macht an Wilhelm III. von Oranien. Kurz darauf wurden er und sein Bruder Cornelis von einem wütenden Mob brutal ermordet. Das große Vertrauen, das die Bevölkerung zuvor in Johan de Witt als Wächter des »Nestes« gesetzt hatte, schlug schnell in eine nostalgische Sehnsucht nach einem König und in irrationale Angst und Hass um, was zu den berühmtesten politischen Morden der niederländischen Geschichte führte.

Jan Asselijns Gemälde des aufbrausenden Schwans scheint auch den heutigen Zeitgeist widerzuspiegeln. Wie der Schwan fühlen sich heute viele Menschen in ihrer Existenz bedroht und reagieren wütend, wenn jemand ihre Meinung nicht teilt oder ihrem Haus und Heim, ihrem Land oder ihren Traditionen zu nahekommt oder sie infrage stellt. Das Gemälde zeigt, wie Melancholie in Angst und Aggression umschlagen kann, wenn die Zeiten härter werden und reale oder eingebildete Gefahren drohen. Mittlerweile ist der Hund, der die Niederlande bedroht, längst nicht mehr ein Nachkomme des Hauses Oranien. Niemand käme zum gegenwärtigen Zeitpunkt in der Geschichte noch auf die Idee, ihm den Namen Willem-Alexander zu geben.

Was uns heute bedroht, verbirgt sich nach Ansicht einer zunehmenden Zahl europäischer Politiker hinter verschiedenen Bezeichnungen wie »Illegaler«, »Moslem«, »Immigrant«, »Flüchtling« oder »Glückssucher«. Vor einigen Jahren hat der italienische Philosoph Giorgio Agamben solche Bezeichnungen unter dem Begriff *homo sacer* zusammengefasst. Zur Zeit des Römischen Reiches war der *homo sacer* der vogelfreie Geächtete oder Ausgestoßene, der aus der gemeinsamen Welt der Polis verbannt wurde, keine Rechte hatte und zu einem Leben in der Illegalität verurteilt war. Dieses Verbannen oder Ausschließen aus der Gesellschaft tun wir noch immer, meint Agamben. Abgelehnte Asylbewerber schieben wir ab, oder wir zwingen sie, in die Illegalität unterzutauchen, wir wehren Flüchtlinge an den Grenzen Europas ab oder internieren sie in Zeltlager. Der Hund, der die Niederlande bedroht, gleicht heutzutage immer häufiger Agambens *homo sacer*. Allem Anschein nach wird den aus der Gesellschaft Verbannten die Schuld für Probleme zugewiesen, mit denen sie nichts zu tun haben. Durch sie soll offenbar die Angst gebannt werden – nicht nur vor dem Klimawandel, vor einer neuerlichen Finanzkrise, vor Terror und Anschlägen, sondern auch vor dem Verlust der eigenen Identität und den eigenen vertrauten Traditionen.

Gefühle der Angst und Bedrohung gab es zu allen Zeiten, aber seit einigen Jahren scheinen sie sich zu einem »neuen Unbehagen in der Kultur« zu entwickeln, wie Bas Heijne 2016 in seinem Essay *Onbehagen* (Unbehagen) schreibt. Einem Unbehagen, das populistische Parteien geschickt ausnutzen, wodurch die Angst noch mehr um sich greift. Die Gesellschaft scheint mittlerweile sogar von einer tiefen Melancholie durchdrungen zu sein, was sich auch in der hohen Zahl an Menschen widerspiegelt, die unter Depressionen leiden. Wie unterschiedlich sich die Melancholie durch die Jahrhunderte hindurch auch manifestiert hat – von der *Acedia* im Mittelalter über den *Weltschmerz* und den *Spleen* im 19. Jahrhundert bis hin zur Depression in unserer eigenen Zeit –, immer wird sie von Gefühlen der Angst, des Mangels oder des Verlustes ausgelöst. Der melancholische Mensch trauert um etwas, das vergangen ist, er erfährt eine allgemeine Sinnlosigkeit des Daseins und wird von einer Furcht vor dem Unbestimmten und von Gefühlen der Ohnmacht und Unsicherheit geplagt. Melancholie kann sich in bewussten Erinnerungen an etwas, das einmal war, oder in einer unbewussten Sehnsucht nach dem, was niemals gewesen ist, äußern. Etwas fehlt, aber was das genau ist, lässt sich nicht recht benennen. Gerade dieser Mangel kann auch die Sehnsucht nähren, sich auf die Suche nach dem zu begeben, was verloren gegangen ist; in diesem Fall wirkt die Melancholie als Triebfeder der Kreativität.

Das Empfinden oder Ahnen eines Verlustes kann aber auch eine nostalgische Sehnsucht nach früheren Zeiten heraufbeschwören, auch wenn wir sehr wohl wissen, dass damals nicht alles besser war. Diese Nostalgie greift noch mehr um sich, wenn wir den Glauben an den Fortschritt verlieren, dann misstrauen wir der Gegenwart und hegen Angst vor der Zukunft. Wir schöpfen wenig Hoffnung aus Studien, die belegen, dass es weltweit gerade weniger Armut, Hunger und Analphabetismus gibt, und vermuten in aller Regel, dass es immer schlimmer wird. Wir wissen weder recht, wohin uns unser Weg führt, noch wissen wir, in welche Richtung er uns führen *sollte*; daher sehnen wir uns nach den guten alten Zeiten zurück. »Make America great again« war nicht umsonst die nostalgische politische Losung, mit der Trump die Wahl gewann. »Wir wollen unser Land zurück« lautet die europäische Variante davon, oder »Die Niederlande sollen wieder uns gehören« – der Wahlkampfslogan der niederländischen rechtspopulistischen PVV (*Partij voor de Vrijheid* / Partei für die Freiheit).

Das aus dem Griechischen abgeleitete Wort Nostalgie geht auf *nostos* zurück, was Rückkehr bedeutet, und auf *algos*, was mit Schmerz, Traurigkeit und Leiden übersetzt werden kann. Wir haben Heimweh nach der Vergangenheit und leiden darunter. In der Zukunft scheinen uns nur Verluste zu erwarten, was uns unruhig, ängstlich und unsicher macht. Die Melancholie, die im Lauf der Jahrhunderte und über alle Kulturen hinweg ein wesentlicher Bestandteil der Conditio humana *gewesen* ist, scheint hierdurch aus dem Gleichgewicht zu geraten. Der ambivalente Charakter der Melancholie – Traurigkeit, die mit Trost oder Hoffnung einhergeht, Schmerz, der von Schönheit oder Freude begleitet wird – gerät zunehmend aus dem Blickfeld. Wir geben uns zwar immer noch gerne der Musik hin, die eine Welle der Wehmut über uns ergießt, oder einem Film, dem es gerade noch gelingt, einen Lichtstreif zwischen die dunklen Schatten zu werfen, doch wir scheinen uns weniger dazu inspiriert zu fühlen, diese melancholischen Klänge und Bilder in Kreativität oder Hoffnung auf Neues umzusetzen.

Die Ausstellung *Melancholie. Genie und Wahnsinn in der Kunst* zog 2006 sowohl in Paris als auch in Berlin sehr viele Besucher an, ebenso wie die Ausstellung *Donkere kamers. Over melancholie en depressie* (Dunkle Räume. Über Melancholie und Depression) im Museum Dr. Guislain in Gent im Jahr 2014. Wir suchen unser Heil in Ausstellungen, Musik und Filmen, die der »Tränenflut, die die Blumen knickt, aber auch nährt«[3], wie es John Keats in seiner *Ode auf die Melancholie* formulierte, reichlich Raum geben, scheinen aber vor allem die schwarze Seite der Melancholie willkommen zu heißen und deren »nährende« Seite zu vergessen. Wir lesen gerne Romane, die Gefühle von Melancholie oder Depression zum Ausdruck bringen, wie *Unendlicher Spaß* von David Foster Wallace, *Physik der Schwermut* von Georgi Gospodinov oder *Un quinze août à Paris* (Ein fünfzehnter August in Paris) von Céline Curiol, um nur einige zu nennen, aber wir tun das nur noch selten mit einem Lächeln im Gesicht. Auch in der Musik erklingen tief wehmütige Töne. *Blackstar* und *You Want It Darker* waren in dieser Hinsicht vielleicht die passendsten Titel und zugleich die letzten Alben, die David Bowie und Leonard Cohen im Jahr 2016 herausbrachten; in der Tat ihre beider »Schwanengesänge«.

Melancholie ist eine Stimmung, die uns über Zeit- und Ländergrenzen hinweg verbindet; es hat kaum eine Zeit oder Kultur gegeben, in der Melancholie nicht präsent war. In den letzten Jahren sind mehrere Studien erschienen, die sowohl die Übereinstimmungen als auch Unterschiede zwischen dem klassischen Begriff der Melancholie und der modernen Depression untersuchen, beispielsweise *Melancholiska rum* (Die Räume der Melancholie) von Karin Johannisson,

Mad, Bad and Sad von Lisa Appignanesi, *The New Black* von Darian Leader und *De depressie-epidemie* (Die Depressions-Epidemie) von Trudy Dehue, Professorin für Psychologie und Wissenschaftsphilosophie an der Universität Groningen.

Im Laufe der Geschichte hat unser Denken über Melancholie immer wieder Veränderungen erfahren. Nicht nur die Form, die Melancholie annimmt, auch ihre Wertschätzung und Behandlung hängen von den gesellschaftspolitischen Umständen und der Art unseres Umgangs mit Krankheit und Gesundheit ab. Im 20. Jahrhundert haben wir dem melancholischen Komplex von Stimmungen, Gefühlen und Gemütszuständen etwas einseitig den Namen »Depression« gegeben, wodurch der ambivalente Charakter aus dem Blick geraten ist und die Melancholie zudem stark medikalisiert wurde.

Weltweit leiden etwa 400 Millionen Menschen an dieser Angst- und Stimmungsstörung, die mit einer ebenso großen Menge von Antidepressiva behandelt wird. Obwohl die Wirkung dieser Medikamente bei milderen Formen der Depression noch immer unsicher ist, hat sich ihr Einsatz in den letzten 25 Jahren vervierfacht. Allein in den Niederlanden wurden sie im Jahr 2014 gut einer Million Menschen verschrieben. Die Pharmaindustrie profitiert gut davon, aber der Anteil an »Genesungen« hat sich Lisa Appignanesi zufolge in den letzten 100 Jahren kaum erhöht.

Nach Ansicht des Psychiaters Witte Hoogendijk, der seit dreißig Jahren zu Depressionen forscht, »haben Antidepressiva bei leichten bis mittelschweren Depressionen überhaupt keine Wirkung«. In einem Interview mit dem *NRC Handelsblad* vom 11. Februar 2017 berichtete er, »dass die Pharmaindustrie viel Geld in Werbung und die Einflussnahme auf Ärzte investiert habe«, wodurch die Ärzte schneller dazu greifen, Medikamente zu verschreiben. Nun aber, da die Ergebnisse enttäuschend ausfielen, tut die pharmazeutische Industrie, als ginge sie das nichts an. »Da sitzt man dann da, mit einer Bevölkerung, die Pillen schluckt, während sich die Pharmafirmen einen schlanken Fuß macht.«

Depression ist in vielen Ländern die gravierendste Ursache für psychisches Leiden, soziale Einsamkeit und Arbeitsunfähigkeit, doch nach weitverbreiteter Auffassung ist die Grenze der medizinischen Intervention mit Medikamenten mittlerweile erreicht. Depression wird im DSM-5, dem Diagnosehandbuch für psychiatrische Störungen, als »eine düstere Stimmung« beschrieben, »die sich in einem Gefühl der Niedergeschlagenheit, Hoffnungslosigkeit, Verzweiflung äußert«. Diese weitgefasste Definition hat dazu beigetragen, dass immer häufiger Medikamente verschrieben werden. Autorinnen wie Trudy Dehue und Karin Johannisson führen den zunehmenden Einsatz von Antidepressiva nicht nur auf die Macht der Pharmaindustrie zurück, sondern auch auf den Einfluss des neoliberalen Marktdenkens, mit seinem hohen Leistungsdruck und der »Bann der Bedachtsamkeit«, wie Dehue es nennt; schnelles und wettbewerbsorientiertes Handeln wird mehr geschätzt als ruhiges und wohldurchdachtes Auftreten.

Wir werden lernen müssen, die derzeitige Form der Melancholie aus einem breiteren kulturhistorischen Kontext heraus zu verstehen, wenn wir nicht machtlos zusehen wollen, wie ihr immer mehr Menschen zum Opfer fallen. Neben einer sozialhistorischen Reflexion ist meines Erachtens auch eine philosophische Besinnung auf die klassische Melancholie und die moderne Depression notwendig. Melancholie kann entweder in ein wehmütiges Bewusstsein unserer Vergänglichkeit münden, das unsere Kreativität und Solidarität gerade fördern kann, oder in die pathologische Variante der Depression, bei der Niedergeschlagenheit, Angst und Ohnmacht die Vorherrschaft übernehmen. Seit Menschengedenken mussten wir lernen, mit Verlusten, Enttäuschungen und Rückschlägen umzugehen, doch in letzter Zeit scheinen wir dazu weniger gut imstande zu sein.

In diesem Essay will ich der Frage nachgehen, wie das kommt und welche politischen und kulturellen Ursachen und Konsequenzen damit verbunden sind. Offensichtlich ist etwas verloren gegangen, ein gewisser Zusammenhang, ein Ziel oder eine Richtung; dieses Gefühl des Verlustes hat sich unserer so sehr bemächtigt, dass wir begonnen haben, uns damit zu identifizieren. Wir haben nicht nur etwas verloren, in gewisser Weise scheinen wir uns auch von uns selbst entfremden. Wir wissen nicht mehr recht, wer wir sind, und klammern uns zunehmend an das, was der britisch-ghanaische Philosoph Kwame Appiah »Identitätslabels« nennt: Merkmale wie Religion, Klasse und ethnische Zugehörigkeit, die andere »Labels« ausschließen und die Welt in Gruppen einteilen, die sich gegenseitig verfolgen oder bekämpfen.

Seit der Antike wird Melancholie aber auch mit Kreativität und sogar Genialität in Verbindung gebracht, sofern sie von Hoffnung, Lebenslust, Tatkraft und Realitätssinn im Zaum gehalten wird. Nur dann kann sie eine wichtige Triebfeder für unsere einzigartige menschliche Fähigkeit sein, Neues zu schaffen. Darüber hinaus kann Melancholie ein Anstoß zu kritischer Reflexion und ethischem Handeln bilden. Ein Beispiel dafür ist der Film *Melancholia* von Lars von Trier, in dem die Erde von einem Planeten bedroht und zerstört wird, der verdächtig dem Saturn gleicht – also dem Planeten in der Astrologie, der Melancholie verursacht. Depressivität droht uns zu zerstören, scheint die Botschaft des Films zu sein. Der Regisseur, der während der Dreharbeiten selbst an einer schweren Depression litt, erzählte, er habe mit diesem Film nur in den »tiefen Abgrund der deutschen Romantik« geschaut.

Der für seine kontroversen Meinungen bekannte Philosoph Slavoj Žižek denkt darüber jedoch ganz anders; er ist der Auffassung, dass der Film unser ethisches Bewusstsein vertiefen könne, da darin der Tod der Hauptdarstellerin akzeptiert statt verdrängt oder missverstanden werde. Auch wenn diese Interpretation nicht jeden überzeugen mag, spielt Žižek hier doch auf eine wichtige Unterscheidung an, die Sigmund Freud in seiner vor gut hundert Jahren verfassten Abhandlung »Trauer und Melancholie« (1917) gemacht hat: die Unterscheidung zwischen demjenigen, der einen konkreten Verlust betrauert und diesen im Laufe des Trauerprozesses zu akzeptieren lernt, und der krankhaft melancholischen Person, der einen abstrakten Verlust betrauert, den sie vor allem auf sich selbst bezieht, wodurch sie sich von sich selbst entfremdet.

Lange vor Freud hat Platon in seinem *Phaidros* (370–360 v. Chr.) zwischen einer »krankhaften« und einer »vortrefflichen« Form der Melancholie unterschieden. In diesem Essay möchte ich untersuchen, inwieweit diese Unterscheidung, die, wie wir sehen werden, von vielen Philosophen und Ärzten nach Platon verwendet wurde, uns noch immer helfen kann, zu einem besseren Verständnis der melancholischen Gesellschaft zu gelangen, in der wir uns heute zu befinden scheinen. Wie Platon unterscheide ich zwischen der pathologischen Melancholie, die unter anderem von den unruhigen Zeiten, in denen wir leben, gespeist wird, und der gesunden Melancholie, die gerade zu Reflexion, Mitgefühl und Kreativität führen kann. Niemand verliert geliebte Menschen, Errungenschaften oder Ideale, ohne zu trauern, die Frage ist jedoch, wann und warum, wie es gegenwärtig der Fall zu sein scheint, die eine Form der Melancholie unter gewissen gesellschaftspolitischen Umständen die andere zu dominieren beginnt.

Kurzum, wann verfügen Menschen noch über genügend Mut, Widerstandskraft und Hoffnung, um über den unvermeidlichen Verlust hinwegzukommen und eine neue Form zu suchen, sich dazu zu verhalten? Melancholie ist eine Stimmung oder ein Gemütszustand, der die Menschen weltweit miteinander verbindet, aber sie kann sich auch zu einer Angst entwickeln, die uns trennt und uns gerade voneinander entfremdet. Was ist nötig, um zu verhindern, dass die melancholischen Gefühle, die uns als Menschen alle anhaften, in eine Depression umschlagen? Ruhe, Reflexion und Aufmerksamkeit sicherlich, also die Aufhebung des »Banns der Bedachtsamkeit«, aber auch soziale Verbundenheit, Liebe, Kunst und eine gemeinschaftliche politisch-kulturelle Welt sind notwendig, um unsere Melancholie »gesund« zu erhalten. Nur dann gelingt es uns, die Verluste und Veränderungen, mit denen wir im Laufe unseres Lebens konfrontiert werden, anzunehmen und in einen Neubeginn zu verwandeln – das, was Hannah Arendt »die höchste menschliche Fähigkeit«[4] nennt, wie wir noch sehen werden. Gelingt uns dies nicht, wird unsere Melancholie von Unruhe, Unsicherheit und Angst vor allem auf die dunkle Seite des Verlustes gezogen. Die Frage ist, ob sie dann noch fruchtbar werden kann, um unsere Kreativität anzuregen und uns Hoffnung zu verleihen. Oder wird sie sich in Empörung und Bitterkeit verwandeln, sodass wir wie Asselijns Schwan auf jeden fauchend und wutentbrannt reagieren, der uns nahekommt und unser Nest bedroht?

2

MELANCHOLIE: ZU ALLEN ZEITEN UND IN ALLEN KULTUREN

Where there is sorrow, there is holy ground.
Some day people will realize what that means.

– OSCAR WILDE

Seit wir über uns selbst nachdenken, denken wir auch über unseren Tod und unsere Vergänglichkeit nach. Von dem ältesten überlieferten literarischen Text, dem viertausend Jahre alten Gilgamesch-Epos, in dem sich der sumerische Titelheld auf die Suche nach dem ewigen Leben begibt, bis hin zu dem 2014 erschienenen Roman *Physik der Schwermut* von Georgi Gospodinow haben die Menschen den Gefühlen der Melancholie Ausdruck verliehen, die dieses Bewusstsein der Sterblichkeit in ihnen auslöste.

Melancholie wird auch als »sadness without a cause«

bezeichnet, weil sie eine Form von Traurigkeit darstellt, die keine eindeutige, konkrete Ursache kennt. Es handelt sich eher um eine allgemeine trübsinnige oder schwermütige Stimmung, die uns wie ein Nebel überfällt, der plötzlich aufkommt und alles grau und dunstig erscheinen lässt. Obgleich unsere Bewertung der Melancholie sehr unterschiedlich gewesen ist, scheint sie sich um spezifische Zeit- oder Landesgrenzen kaum zu scheren. Über die Jahrhunderte und Kulturen hinweg hat sie einen festen Platz im menschlichen Gefühlsspektrum eingenommen. Sie erscheint unter vielen Namen, von mélas cholé in der Antike bis zu *youyu* in China, von *Hüzün* in der arabischen Welt bis zu *Saudade* in Portugal und Brasilien.

Jede kulturelle Gemeinschaft hat der Melancholie gefrönt, sie andererseits aber auch mit Hilfe von Riten, Geschichten und religiösen Handlungen im Zaum zu halten versucht. Melancholie kann unterschiedliche Formen annehmen, von einem flüchtigen emotionalen Ausbruch von Traurigkeit bis zu einer langanhaltenden Stimmung der Niedergeschlagenheit, aber das ändert nichts an der Tatsache, dass sie schon seit Menschengedenken einen konstanten Faktor in den Beschreibungen der Conditio humana bildet.

Wie schon erwähnt unterscheidet Platon im *Phaidros* zwischen einer »krankhaften« und einer »vortrefflichen« Form der Melancholie. Obwohl er an anderer Stelle auch den Begriff Manie verwendet, beschreibt er in diesem Text Melancholie als eine Form des Wahnsinns, und vom Wahnsinn gebe es zwei Arten, die eine aus der menschlichen Krankheit, die andere »aus göttlicher Aufhebung des gewöhnlichen ordentlichen Zustandes.«[5] Aristoteles übernahm diese Gedanken und fragte sich in seinen *Problemata*, ob ein Zusammenhang zwischen Melancholie und Genie bestehen könne:

»Warum erweisen sich alle außergewöhnlichen Männer in Philosophie oder Politik oder Dichtung oder in den Künsten als Melancholiker?«[6] Er führt dies unter anderem auf *mélas cholé* zurück, was wörtlich »schwarze Galle« bedeutet. Diese schwarze Galle wurde als eine der vier Körperflüssigkeiten angesehen. Solange dieser Saft nicht »zu warm oder zu kalt« war, konnte er Aristoteles zufolge zu genialen Ideen inspirieren.

Nach Auffassung seines Zeitgenossen, dem berühmten griechischen Arzt Hippokrates, war es nicht so sehr die richtige Temperatur als vielmehr das richtige Gleichgewicht zwischen den vier verschiedenen Körpersäften oder *humores*, das zu genialen Ideen befähigte. Ein Gedankengang, der bis ins Mittelalter Anklang fand. Hippokrates war einer der ersten Ärzte, der gesundheitliche Defizite nicht auf übernatürliche, sondern auf natürliche Ursachen zurückführte, und gilt daher als Begründer der westlichen Medizin. Krankheiten beruhten ihm zufolge auf einem Ungleichgewicht zwischen den vier oben genannten *humores*, woraus sich das Wort *humeur* (Laune, Stimmung) ableitet. So konnte ein Übermaß an Schleim ein phlegmatisches und unerschütterliches Verhalten hervorrufen, ein Übermaß an Blut zu unbeherrschbaren Leidenschaften führen und ein Übermaß an gelber Galle einen aufbrausenden Charakter zur Folge haben. Ein Übermaß an schwarzer Galle konnte hingegen depressive Stimmungen verursachen. Hippokrates versuchte, bei seinen Patienten durch Aderlass, Diäten, Ruhekuren und Aufgüssen aus Weidenrinde, aus der Jahrtausende später Aspirin hergestellt werden sollte, das richtige Gleichgewicht wiederherzustellen.

Heutzutage bezeichnet man Melancholie als »Depression«, aber die meisten Symptome der Depression – allgemeine Traurigkeit, Schwermut, Sehnsucht, Langeweile und Rastlosigkeit – entsprechen weitgehend der Melancholie, wie sie von den Ärzten in der Antike beschrieben wurde. In *Melankoliska rum* (Die Räume der Melancholie) bezeichnet die schwedische Historikerin Karin Johannisson Melancholie als die »Urform des psychischen Leidens«. Diese Urform kennt ihr zufolge keine exklusive Ausdrucksform oder Definition, sondern besteht aus einem »Geflecht von Zuständen und Stimmungen«, das je nach Einfluss sozialer Gegebenheiten »in verschiedenen Zusammenhängen und Konfigurationen auftreten kann«.

Melancholie verbindet sich mit dem Bewusstsein von Zeit und Endlichkeit, mit dem Zurückblicken auf etwas, das vergangen und verloren ist. Sie kann läuternd wirken, wie Wilhelm Schmid in seinem Buch *Gelassenheit* schreibt, wenn sie in einem Zustand der *Ataraxie* (wörtlich: »frei sein von Unruhe«) auftritt und aus dieser Stimmung des Gleichmuts heraus empfänglich wird für Schönheit. Vieles in der Kunst ist melancholischer Natur und kann Gefühle von Trost oder Glück auslösen. Dieser Trost geht mit Schönheit, Verbundenheit und Ergriffenheit einher, aber auch mit der Bereitschaft, über das Leben in tiefergehender Weise nachzudenken. Melancholie wurde daher auch als »die Krankheit der Gelehrten« bezeichnet. Viele Wissenschaftler, unter ihnen auch Caspar van Baerle und Carl von Linné, der sie als »Herzangst« charakterisierte, litten an ihr. Hier zeichnet sich schon ein erster Unterschied zur heutigen Depression ab. Heute leiden gerade Menschen mit geringerer Bildung an Depressionen, wie wir später noch sehen werden.

Im Mittelalter wurde Melancholie *acedia* genannt, ein heftiger Anfall von Überdruss und Lustlosigkeit, der besonders studierende Mönche plagte. Thomas von Aquin (1225–1274) beschrieb sie als »Leiden an der Welt«, während sie Eugarius Ponticus und Johannes Cassianus im 4. und 5. Jahrhundert ihren »Mittagsdämon« nannten. Im Mittelalter sprach man nicht mehr von zwei unterschiedlichen Formen von

Melancholie, wie sie Platon und seine Nachfolger noch unterschieden hatten, und es gab auch keinerlei positive Wertschätzung für sie. Im Gegenteil, die acedische Verzweiflung, die man als Folge eines wankenden Glaubens ansah, wurde im frühen Mittelalter als eine der acht teuflischen Versuchungen oder Hauptsünden betrachtet, die mit allen Mitteln bekämpft werden mussten. Fast tausend Jahre lang galt die Melancholie daher als verderbt und sündhaft, und die Strafen für diejenigen, die ihr erlagen, waren hart. Der Dämon der *acedia* wurde so ernst genommen, weil er nach allgemeiner Ansicht den Drang, dem geistigen Leben zu entfliehen, verstärkte und Faulheit und Trägheit Vorschub leistete.

So entwickelte sich die Melancholie in Form der *acedia* zur größten Bedrohung für den Glauben und die Unterwerfung unter Gott und die Kirche. Thomas von Aquin hielt sie sogar für die größte Hauptsünde, weil sie von einem Misstrauen und einer Abneigung gegen Gott zeugte. Im 14. Jahrhundert wurde Melancholie zudem noch mit der »Sünde des Fleisches« und mit *otium*, mit Müßiggang oder Nichtstun, in Verbindung gebracht. Die Redeweise »Müßiggang ist aller Laster Anfang« verweist auf die scharfe Verurteilung der *acedia*, die sich im Mittelalter allmählich von einer exklusiven Mönchskrankheit zu einer Erkrankung entwickelte, die alle Sterblichen treffen konnte.

Erst seit der Renaissance wurden bestimmte Aspekte der Melancholie wieder positiv bewertet, etwa Tiefsinnigkeit, Kontemplation und Genialität – ein Aspekt, den schon Aristoteles gepriesen hatte. Dante und Petrarca gaben die ersten Impulse für diese Neubewertung, indem sie in ihren Schriften den positiven Einfluss des Planeten Saturn auf die kontemplativen Fähigkeiten des Menschen herausstellten. Bemerkenswert ist, dass Petrarca in seinem Text *De otio religioso* zu einer erneuten Würdigung des *otium* kam, das er als Selbstbefreiung ansah. Im Gegensatz zu der mittelalterlichen Vorstellung, dass »Müßiggang« den Menschen von Gott wegführe, glaubte Petrarca, dass *otium* eine Voraussetzung dafür sei, sich des Göttlichen gewahr zu werden: »Dank dieser Muße und dieses innerlichen Freiseins wirst du sehen, dass Gott der Herr ist, und eine tiefere Einsicht darin gewinnen, was deinem Heil dient.«

Acedia oder Melancholie ermöglichen es Petrarca zufolge gerade, vom Göttlichen inspiriert zu werden, was fast einer Umkehrung der mittelalterlichen Auffassung dieses Phänomens gleichkam, wie Jennifer Radden in *The Nature of Melancholy. From Aristotle to Kristeva* zu Recht anmerkt.

Diese Neubewertung wird von einem der einflussreichsten Philosophen der italienischen Renaissance, dem Humanisten Marsilio Ficino (1433–1499), noch weitergeführt. In *De triplici vita* führt er das Bild des

Melancholikers als Genie wieder ein, eine Vorstellung, die das Denken über Melancholie und Kunst in den folgenden Jahrhunderten stark beeinflussen sollte. In diesem Werk verbindet Ficino die platonische *mania*, die göttliche Verrücktheit oder Inspiration, die die Seele zu ungeahnten Höhen erheben kann, mit der aristotelischen Lehre von den vier Körpersäften. Jeder Mensch ist von melancholischer Natur und sehnt sich nach Inspiration, doch wer durch den Einfluss des Planeten Saturn einen Überschuss an schwarzer Galle hat, verfügt über einen leicht entflammbaren *spiritus*, der für kreative Inspiration sorgt. Ficino zufolge ist Spiritus eine Substanz, von dem der gesamte Kosmos durchdrungen ist und damit auch die Seele, das Gedächtnis und das Vorstellungsvermögen – die *imaginatio* des Künstlers.

Damit schafft Ficino Raum für den menschlichen Typus des individuellen schöpferischen Künstlers, der sich im Laufe der Renaissance und den folgenden Jahrhunderten weiterentwickeln sollte, wie Marieke van den Doel in ihrer Dissertation *Ficino en het voorstellingsvermogen* (Ficino und die Vorstellungskraft) zeigt. Diese inspirierende Substanz des Spiritus trat an die Stelle Gottes, wodurch der religiöse Mensch dem schöpferischen Menschen Platz machen musste. So gewannen nicht nur philosophische Auffassungen über Kreativität und Inspiration an Terrain, auch die unterschiedlichen Künste, die im Mittelalter noch als Handwerk betrachtet worden waren, begannen wieder aufzublühen. »Dieses Jahrhundert hat, als wäre es ein goldenes Zeitalter, die freien Künste, die fast erloschen waren – die Literatur, die Poesie, die Rhetorik, die Malerei, die Bildhauerei, die Architektur und die Musik –, wieder ins helle Licht zurückgeführt«[7], schreibt Ficino. Wenn sich der von Saturn beeinflusste Melancholiker mit Herz und Seele der »schöpferischen Kontemplation« widmet, kann er sich mit seinem astralen Schicksal versöhnen. Ficinos Neubewertung der kontemplativen und schöpferischen Melancholie ging Hand in Hand mit dem unbändigen Wissensdrang des humanistischen Menschen.

Das Bündnis zwischen Melancholie und Weisheit, das in der Renaissance geschlossen wurde, wird im berühmtesten Kupferstich der Zeit deutlich in Szene gesetzt: in einer von Albrecht Dürer im Jahr 1514 geschaffenen Allegorie der *Melencolia*. Eine melancholische geflügelte Frau ist von zahlreichen Attributen umringt, die auf Wissen und Weisheit verweisen, wie der Zirkel, den sie in ihrer Hand hält, die geometrischen Figuren um sie herum sowie der Federköcher und das Tintenfass vor ihr. Das Bemerkenswerte an diesem Kupferstich ist jedoch, dass sie mit alldem nichts anzufangen weiß und gedankenverloren vor sich hinstarrt. Diese Melencolia hat sich von der Welt

Albrecht Dürer, *Melencolia I* (1514)

zurückgezogen und harrt des Moments der Inspiration. Auf der Wand ist ein magisches Quadrat dargestellt, dessen Zahlen in jeder Spalte, Reihe oder Diagonale die gleiche Summe ergeben, hier vierunddreißig, während die beiden mittleren Zahlen der unteren Reihe – fünfzehn und vierzehn – auch noch einmal das Jahr verraten, in dem der Kupferstich angefertigt wurde. Hinter der engelhaften Frau, die einen Lorbeerkranz auf ihrem langen Haar trägt, hängen Objekte, die auf die zwei verschiedenen Gestalten der Zeit verweisen: die Waage des Kairos, des Gottes des rechten Augenblicks, und die Sanduhr des Chronos, die die Vergänglichkeit und den Lauf der Zeit anzeigt.

Direkt unter der Waage sitzt ein Putto, ein Engel in kindlicher Gestalt, der die neue Einsicht oder Idee symbolisiert, die sich aus dem sorgfältigen Abwägen des rechten Augenblicks, des rechten Maßes und der rechten Umstände ergibt. Der Blick der Frau ist nachdenklich und schwermütig, fast grimmig. Schließlich steht die schwarze Galle nicht nur ursächlich für einen Drang nach Erkenntnis, sondern auch für ein aufbrausendes Temperament. Aber vielleicht verrät ihr Zorn auch etwas von der Einsamkeit ihrer Stellung als melancholischer Frau, die mit einem Gemüt und einer Genialität behaftet war, die hauptsächlich Männern zugeschrieben wurden. Denn obwohl es oft Frauen waren, die die Melancholie verkörperten, wie etwa in den einige Jahre später entstandenen

Gemälden von Lucas Cranach, war es ihnen lange Zeit verwehrt, Melancholie selbst zu erleben und sie in Wissenschaft oder Kunst zu sublimieren. Bei Cranach hat die Melancholie ihren mürrischen Ausdruck übrigens verloren; sie schaut zärtlich auf die drei Kinder herab, die zu ihren Füßen mit einem Ball spielen. Ihre Flügel hat sie jedoch behalten. Sie symbolisieren einerseits die göttliche Inspiration, den belebenden Spiritus, sie stehen aber auch für ihre vermittelnde Funktion als Bote zwischen dem Göttlichen und dem Menschlichen, dem Himmlischen und dem Irdischen. Aus dem gleichen Grund trugen Hermes, Eros und Kairos in der Antike Flügel. Diese geflügelten Gestalten sind die Zwischenwesen, die extreme Pole und gegensätzliche Welten miteinander verbinden können und auf diese Weise die Entstehung neuer Erkenntnisse ermöglichen. Sie treten oft an Wendepunkten oder in Krisenzeiten in Erscheinung, um festgefahrene Verhältnisse aufzubrechen und neue Initiativen zu beflügeln.

Das Bild des melancholischen, schöpferischen Menschen kam in den folgenden Jahrhunderten zu voller Entfaltung. Gerade der wehmütige Geist kann beseelt und inspiriert werden, das Neue schaffen und sowohl die Schwere und als auch die Leichtigkeit des Seins, sowohl die Freude als auch die Traurigkeit auf kontemplative oder kreative Weise in sich vereinen. Dieser Gedanke klingt in den berühmten Zeilen in

Shakespeares *Coriolanus* nach: »I coud weep / and I could laugh, I am light and heavy.« Shakespeares Zeitgenosse Robert Burton schrieb in seinem Hauptwerk *Die Anatomie der Melancholie* (1621), dass Momente intensiver Freude gerade aus der tiefsten Wehmut hervorgehen können. Wie man es auch dreht und wendet, alles steht im Zeichen der Doppeldeutigkeit, als ob Melancholie vor allem die Gemütsverfassung der Ambivalenz verkörperte – einer Schwermut, die sich die Freude anschmiegt, eines tiefen Ernstes, der in Gelächter ausbrechen kann. Es scheint so, als ob die Melancholie die Doppeldeutigkeit unserer Emotionen sowohl inszenierte als auch beförderte. Aus diesem Grund kann sie auch »beseelend« genannt werden, denn die Seele lebt nur dann auf, wie ich andernorts in *Kairos* schrieb, wenn sie die Extreme zusammenhält, ohne sie auszulöschen.

Die an sich immaterielle Seele haucht der Materie Leben ein, wie Aristoteles in *Über die Seele* geschrieben hat, und wurde daher als die beflügelnde oder inspirierende Verbindung zwischen dem Göttlichen und dem Irdischen betrachtet. Die Seele galt als eine Art Zwischenwesen, das die beiden Pole eines Gegensatzpaares – Freude und Leid, Körper und Geist, das Heilige und das Profane – zusammenführte. So gesehen hat der Melancholiker einen leicht entflammbaren Spiritus, um noch einmal Ficinos Seelen-Begriff zu verwenden. Er verfügt über das, was Zadie Smith in *Sinneswechsel* als »soulfulness«[8] bezeichnet hat, ein Begriff, das aus der schwarzen Musikkultur stammt und dem modernen westlichen Menschen bei der Suche nach seiner melancholischen, unter wissenschaftlichen oder medizinischen Argumentationsweisen verschütteten Seele helfen kann. Smith beschreibt »soulfulness« als eine Stimmung der Seele, die entsteht, wenn Freude und Trauer … zusammenkommen, wie es in ähnlicher Weise, so Smith, auch im jiddischen *Schmaltz* zum Ausdruck kommt. Sie kommt zu dem Schluss, dass es für die Menschen wichtig ist, mit der Wehmut mitzuschwingen; nur so kann die Wehmut Smith zufolge in »Schönheit, Kreativität und Selbsterneuerung«[9] überführt werden.

Im 17. Jahrhundert bewahrte sich die Melancholie ihre zwiefältige Erscheinungsform, wobei die eine Form als krankhaft und die andere als vortrefflich galt. Um gegen die krankhafte Form anzugehen, empfahl Robert Burton in *Die Anatomie der Melancholie* nicht nur gesunde Ernährung, ausreichend Schlaf, gute Musik, Poesie und Kunst, sondern auch sinn- und bedeutungsvolle Arbeit. Nur so könne die Melancholie zu einer »glücklichen Einsamkeit«[10] führen und die Vorstellungskraft anregen. Letzteres war für Melancholiker des 17. Jahrhunderts wie Burton unverzichtbar, denn sie sahen sich mit einem weiteren Verlust konfrontiert, dem Verlust des selbstverständlichen Aufgehens in einer von Gott beseelten Welt.

Wie Herman Westerink in *Verlangen & vertwijfeling* (Verlangen & Verzweiflung) darlegt, begann sich der Mensch fortan als vereinzeltes Individuum und damit als »exzentrisch und von seiner Umwelt abgeschlossen« wahrzunehmen. Burton spricht von der »religiösen Melancholie«, die diese Gottverlassenheit und das Verschwinden einer verzauberten Welt in ihm auslöste. Damit erweiterte er nicht nur den Melancholiebegriff, sondern trug auch zu der Auffassung bei, Melancholie hauptsächlich als seelische Krankheit aufzufassen. Melancholie wurde kaum noch mit physischen Ursachen wie Körpersäften oder dem Einfluss der Planeten in Verbindung gebracht, sondern wurde zum Gemütszustand, der laut Westerink »einen ursprünglichen Verlust« und den Wunsch, »das Verlorene wiederzufinden« zum Ausdruck brachte. Der Mensch war erneut und nun endgültig aus dem Paradies vertrieben worden, und die Frage war nun, wie er damit umgehen sollte. Man fühlt sich an ein Wort Walter Benjamins erinnert: »Mit Schrecken sieht der Melancholiker die Erde in einen reinen Naturzustand zurückfallen. Kein Hauch von Vorgeschichte umgibt sie. Keine Aura.«[11]

Im folgenden Jahrhundert entwickelte sich die Melancholie zu einem Seelenzustand, der vor allem raffinierten, sensiblen und kreativen Köpfen zuteilwurde. In George Cheynes *The English Malady* (1733) wurden die Anfälle von Melancholie, Tristesse und Niedergeschlagenheit fast zu einer begehrenswerten »Krankheit« erhoben. Viele Schriftsteller, Künstler und Philosophen litten mit Hingabe daran. James Boswell (1740–1795) sprach von seinem *Hypochondriacus* und beschrieb ihn mal als ein allgemeines Gefühl der Niedergeschlagenheit und andere Male als das gleichzeitige Erleben von Freude und Kummer. Im 18. Jahrhundert, als die Abschaffung des Feudalsystems und die Entstehung des modernen Bürgertums faktisch vollzogen war, wurde auch erstmals nach sozialpsychologischen Ursachen für die Melancholie gesucht. Beispielsweise macht er in seinen *Bekenntnissen* den Mangel an Liebe und Aufmerksamkeit während seiner Kindheit für seine Melancholie hauptverantwortlich. Diese soziale Deutungsweise sollte sich im Laufe des 19. Jahrhunderts noch weiter verstärken, als immer mehr Bürger dem von Byron und Baudelaire zum Ausdruck gebrachten *Weltschmerz* oder *Spleen* verfielen, der manch einen in Trauer über die Unvollkommenheit der Gemeinschaft, der Gesellschaft oder der Welt versinken ließ.

TRAUER UND MELANCHOLIE

Im Jahr 1917 veröffentlichte Freud den Aufsatz »Trauer und Melancholie«, in dem er unser problematisches Verhältnis zum Tod analysiert. Trauer steht bei Freud für den gesunden »nicht-krankhaften«[12] Umgang mit Tod oder Verlust, während der Begriff Melancholie hier gerade auf ein gestörtes oder depressives Verhältnis dazu hindeutet. Das mag etwas verwirrend erscheinen, aber das Wort Melancholie verweist bei Freud nun einmal auf die psychischen Störungen, die im menschlichen Geist während eines unverarbeiteten oder behinderten Trauerprozesses auftreten können. Freud thematisiert daher auch selten die positive, kreative Seite der Melancholie.

Er beschreibt den Trauerprozess als eine Reaktion auf den Verlust eines geliebten Menschen oder, abstrakter gefasst, eines ideellen Wertes wie »Vaterland« oder »Freiheit«. Der Trauerprozess an sich, so merkt er an, ist kein krankhaftes Leiden, sondern ein natürlicher Prozess zur Verarbeitung eines Verlustes. Wird dieser Prozess jedoch nicht richtig durchlaufen, kann er sich schädlich auf den Geist auswirken. Dann entsteht das, was Freud »Melancholie« nennt: eine sehr niedergeschlagene Stimmung, bei der jemand wenig oder kein Interesse mehr an der Außenwelt zeigt und nicht mehr in der Lage ist, zu lieben oder mit seinen eigenen Gefühlen umzugehen – eine Stimmung, die sich letztendlich sogar in einer Form von Selbsthass oder in einen Verlust des Selbstwertgefühls münden kann. Freud beschreibt den Melancholiker als einen Menschen, der unter »Kleinheitswahn«[13] leidet, sich selbst als leer und moralisch verwerflich empfindet und nicht zu erkennen vermag, dass er oder sie jemals anders oder besser gewesen ist. Freud entwirft damit ein Bild des Melancholikers, das dem Bild des melancholischen Genies, das zu großer Kreativität fähig ist, diametral entgegengesetzt ist.

Einer der wesentlichen Unterschiede zwischen der trauernden Person und dem Melancholiker sieht Freud in der Beziehung zum verlorenen Objekt. Während das verlorene Objekt in der Trauer klar und konkret ist, weiß der Melancholiker nicht recht, was er verloren hat; sein Verlust ist viel abstrakter und seinem Wesen nach daher unüberwindlicher. Melancholie kann also als Trauer ohne zu betrauerndes Objekt beschrieben werden, wodurch das »Ich« seinen Schmerz nicht auf einen Verlust außerhalb seiner selbst richten kann und diesen Schmerz daher ganz auf sich selbst beziehen muss. Da der Melancholiker nicht genau weiß, was seinen Schmerz, seine Angst oder seinen Hass verursacht, ist er nicht in der Lage, die möglichen Ursachen in den Blick zu nehmen, den Verlust zu akzeptieren und dann zu verarbeiten. Er wird, mit anderen Worten, selbst zum Verlust; seine ganze Person wird in das schwarze Loch des Verlustes hineingesogen.

Freud nennt ambivalente Gefühle gegenüber geliebten Personen, insbesondere den Eltern, als eine der wichtigsten Ursachen für die Entwicklung einer pathologischen Melancholie. Ambivalenz deutet bei Freud auf die Koexistenz von Gefühlen der Liebe und des Hasses hin. Der Melancholiker kann mit dieser Ambivalenz aufgrund der Traumata, die er in seiner Kindheit erlebt hat, oder aufgrund anderer Blockaden in seiner Beziehung zu seinen Eltern nicht umgehen und wird sich vor allem selbst die Schuld dafür geben. Auch in anderen Liebesbeziehungen wird er mit diesen ambivalenten Gefühlen nicht gut zurechtkommen und bei jedem Verlust aufs Neue in eine schwere Niedergeschlagenheit verfallen. Er wird, mit anderen Worten, weiter trauern und sich zunehmend selbst die Schuld für die Maßlosigkeit seiner Trauer geben.

Die starke Zunahme von Depressionen in den letzten Jahrzehnten ist auf viele Faktoren zurückzuführen, kann aber auch mit den Schwierigkeiten in Zusammenhang gebracht werden, die immer mehr Menschen bei der Bewältigung von Verlusten haben. Die Frage ist natürlich, woher das kommt. Hat es mit unserer Gewöhnung an Wohlstand zu tun oder mit unserer mittlerweile stark individualisierten Gesellschaft? Gibt es heute weniger Raum für ambivalente Gefühle, weil wir uns permanent glücklich fühlen wollen? Oder haben wir uns zu sehr von den Mitteln abgewendet, die uns früher geholfen haben, mit unseren eigenen Verlusten und denen anderer umzugehen, wie etwa Aufmerksamkeit, Ruhe, Gemeinschaftssinn, Kunst und Kreativität? Also genau jenen Mitteln, die Verlustgefühle in die so reich schattierte Stimmung der Melancholie umwandeln können?

Im Laufe des 20. Jahrhunderts wurde Melancholie weitgehend durch den medizinischen Begriff »Depression« ersetzt; ähnlich wie im Mittelalter fand damit sowohl ihre doppelsinnige Charakterisierung als auch ihre zum Teil positive Einschätzung ein Ende. Depression ist nun eine Erkrankung des Gehirns, die mit medizinischen Mitteln bekämpft werden muss. In unsere Sprache und Kultur besteht der Begriff Melancholie jedoch fort. Wenn ein bestimmter Begriff innerhalb der Wissenschaft für unsinnig oder unbrauchbar erklärt wird, er jedoch in der Sprache quicklebendig bleibt, sagt dies vor allem etwas über das verwendete wissenschaftliche Paradigma aus. Forscherinnen wie Karin Johannisson, Lisa Appignanesi und Trudy Dehue sind der Auffassung, dass das psychiatrische Paradigma in den letzten Jahrzehnten stark »neurobiologisch« geprägt worden ist, wobei Stimmungsstörungen wie Depression hauptsächlich vom sogenannten »Entitätsmodell« her betrachtet werden, das heißt, sie werden als eigenständige Krankheiten oder »Entitäten« gesehen. Lebenswege, persönliche Erfahrungen und soziale Faktoren finden dadurch immer weniger Berücksichtigung. Depression gilt als eine »Hirnerkrankung« und wird mit Medikamenten behandelt, die sich auf bestimmte Neurotransmitter – Serotonin und Noradrenalin – auswirken. Ein Mangel an diesen Botenstoffen wird als Ursache für die depressive Stimmung angesehen. Nach Ansicht von Trudy Dehue, die viele internationale Studien zur Wirkung von Antidepressiva durchleuchtet hat, wird die Wirksamkeit der Medikamente jedoch stark überschätzt; ein Großteil der Wirkungen beruht auf einem Placebo-Effekt, die großflächige Verschreibung kommt lediglich der Pharmaindustrie zugute.

Dass sich die Unterscheidung zwischen Melancholie und Depression verwischt, ist nach Ansicht von Karin Johannisson nicht nur eine Folge der Medikalisierung, sondern ist auch der herrschenden Ideologie des marktwirtschaftlichen Denkens geschuldet. Depressive Menschen entsprechen nicht dem neoliberalen Idealbild des frohgemut arbeitsamen *homo oeconomicus*, faktisch sehen sie sich des gleichen Vorwurfs von »otium« oder Müßiggang wie im Mittelalter ausgesetzt. Den Glauben an Mammon, den Gott des Geldes, der uns allen das Heil bringen soll, infrage zu stellen wird in einer kapitalistischen Gesellschaft nicht besonders geschätzt. Abweichendes oder ökonomisch »unproduktives« Handeln wird nicht toleriert, denn jeder muss sich aktiv an der Wirtschaft beteiligen, wie Dehue in ihrem Buch *De depressie-epidemie* (Die Depressionsepidemie) feststellt. Überdies hat allem Anschein nach die auf wirtschaftlichem Gewinn basierende Marktmentalität auch innerhalb der medizinischen Welt ihren Niederschlag gefunden; dort sahen sich die Regierung und die Krankenkassen gezwungen, Kürzungen bei Therapiesitzungen und anderen »zeitraubenden« Behandlungsmethoden vorzunehmen, und sie ließen sich vielleicht deshalb auch allzu gern von den Pillen der pharmazeutischen Industrie verleiten.

Es war daher bemerkenswert, dass das niederländische *Arzneimittelbulletin* anlässlich seines fünfzigjährigen Jubiläums im Jahr 2016 eine Reihe von Rednern einlud, um über die Probleme mit Psychopharmaka und den Einfluss der Pharmaindustrie auf die Gesundheit der Menschen nachzudenken. Neben Trudy Dehue sprachen unter anderem der dänische Professor Peter Gøtzsche, der eine umfangreiche Studie über die Nebenwirkungen von Antidepressiva veröffentlicht hat, und der amerikanische Psychiater Allen Frances, der die Medikalisierung von abweichendem Verhalten im DSM-5, dem *Diagnostischen und statistischen Manual psychischer Störungen*, anprangerte. »Leider sind die Psychiater nicht aufgetaucht«, berichtete Karel Berkhout vom *NRC Handelsblad*. Der niederländische Psychiatrieverband sah von einer Teilnahme ab, weil die Referenten nach Auffassung seines Vorsitzenden »notorische Kritiker« der Psychiatrie seien und es »nicht genügend Raum für einen positiven Ansatz« gäbe. Das lässt nichts Gutes für die Debatte über die richtige Behandlung von Depressionen oder eine ernsthafte Diskussion über Wirkungen und Nebenwirkungen von Psychopharmaka erahnen. Aber vor allem zeigt es, wie weit wir heute von einem Konsens über die richtige Einstellung zu Depression und Melancholie sowie des Umgangs damit entfernt sind.

Doch wir sollten auch in unserer medikalisierten und hochgradig kommerzialisierten Gesellschaft wieder Raum für Enttäuschung, Angst und Trauer finden, um zu lernen, mit unseren Verlusten umzugehen und unsere Gefühle der Niedergeschlagenheit dauerhaft zu meistern. Vielleicht können wir uns hierbei auch von anderen Kulturen inspirieren lassen, in denen Melancholie noch als natürlicher Teil der menschlichen Existenz aufgefasst wird. Zudem ist es wichtig, die Melancholie aus einer breiteren kulturellen Perspektive zu betrachten. Melancholie ist weder eine ausschließlich westliche noch eine rein weiße, geniale oder männliche Stimmung; sie bildet einen wesentlichen Teil unserer Conditio humana und bietet uns daher auch die Möglichkeit, uns einander besser zu verstehen.

SAUDADE UND HÜZÜN

Über die brasilianische Saudade ist viel geschrieben worden, vor allem darüber, wie schwierig es ist, in einer anderen Sprache ein Äquivalent dafür zu finden. Saudade wird als ein tiefes, melancholisches Gefühl des Verlustes beschrieben oder als die Betrübnis, die wir über ein fernes, unerreichbares Glück empfinden können. Sie wird auch als eine bittersüße Sehnsucht nach etwas Hoffnungsvollem, das abwesend ist und nie ganz gegenwärtig sein kann, verstanden. Wie bei der westlichen Melancholie geht es bei der Saudade in erster Linie um dieses Gefühl von Verlust und Abwesenheit. Es fehlt etwas, aber was das genau ist, lässt sich schwer in Worte fassen, mag es sich auch sehr gut besingen lassen. Cesária Évora besingt es in ihrem kapverdischen Lied »Sodade«, ebenso wie der brasilianische Sänger Tom Jobim in seinem Lied »Chega de Saudade«, der darin übrigens Saudade als »tristeza e melancolia« besingt.

Trotz oder vielleicht gerade wegen der Unfassbarkeit des Verlustes kann Saudade einen immensen Hunger hervorrufen, schreibt die brasilianische Schriftstellerin Clarice Lispector in ihrem Buch *A Descoberta do Mundo* (Die Entdeckung der Welt): »Saudade ist so etwas wie Hunger. Er wird nur gestillt, wenn man die Anwesenheit verschlingt. Aber manchmal ist die Saudade so stark, dass selbst das Verschlingen der Anwesenheit nicht ausreicht. Dann will man sich den anderen ganz einverleiben.« In der kürzlich erschienenen niederländischen Übersetzung wird Saudade mit »Heimweh« übersetzt. Aber obwohl Heimweh in dem Begriff sicherlich mitanklingt, deckt es dessen Bedeutung bei weitem nicht ab. Nach Ansicht des Anthropologen Eduardo Viveiros de Castro verweist Saudade nicht so sehr auf einen konkreten Mangel, sondern auf eine stärker transzendentale Sehnsucht nach dem anderen, die selbst die Anwesenheit eines geliebten Menschen nicht stillen kann. Deshalb schreibt Lispector, dass die Anwesenheit des anderen manchmal gar nicht ausreicht und man sich ihn am liebsten »einverleiben« würde. Die Sehnsucht, mit dem anderen zu verschmelzen oder ihn sogar aufzuessen, um die Erfahrung einer »vollständigen Vereinigung« mit allem zu erreichen, ist ihr zufolge »eines der bedrängendsten Gefühle des Lebens«.

Diese Sehnsucht nach Vereinigung hat, wie wir im nächsten Kapitel sehen werden, höchstwahrscheinlich mit unseren Erfahrungen in frühester Kindheit zu tun. Der Verlust der Kindheit bildet zusammen mit dem Bewusstsein von unserer Vergänglichkeit den Ursprung sowohl der Melancholie als auch der Saudade. Schreiben und Singen sind Versuche, wieder in Kontakt mit dieser verlorenen Kindheit zu kommen. Daher meinte der portugiesische Maler Vieira da Silva, dass der Titel von Marcel Prousts Romanzyklus

Auf der Suche nach der verlorenen Zeit vielleicht die beste Definition von Saudade sei. Für Clarice Lispector bildet Saudade die Motivation für ihr Schreiben, das sie als ein »Erinnern an das, was nie existierte« beschreibt. Gerade weil es ein Erinnern an das ist, »was man nicht kennt« und nie kennen wird, ist es »eine offene Wunde«, die wohl schmerzt, ihr beim Schreiben aber auch große Freude bereiten kann. Lispector hält ihre Texte nur dann für geglückt, wenn es ihr gelungen ist, darin die doppelsinnige Bedeutung der Saudade zu vermitteln. Sie kritisiert einige ihrer Texte, weil »sie den Punkt verfehlen, an dem sich der Schmerz mit der tiefsten Freude mischt und die Freude zu schmerzen beginnt, denn dieser Punkt ist der Reiz des Lebens«.

Von der brasilianischen Welt reisen wir noch ein Stück weiter zur arabischen Literatur und Philosophie, in der die Melancholie als *huzn* erscheint, was im Türkischen zu *hüzün* geworden ist, die Orhan Pamuks Roman *Istanbul* (2005) geradezu erfüllt. Auf fast jeder Seite findet sich das Wort Melancholie oder Wehmut, als eine Stimmung, die der Autor in jedem Winkel seiner Heimatstadt wahrnimmt. »Hüzün ist in Istanbul zentraler Bestandteil des Musikempfindens, ist Grundelement der Poesie, Lebensanschauung, Seelenzustand, kurzum Ausdruck dessen, was die Stadt eigentlich ausmacht.«[14] In der ganzen Stadt hängt daher der Nebel der Melancholie wie Wasserdampf an den Fenstern, ein Bild, das Pamuk oft verwendet, um die Melancholie zu beschreiben, von der er alle Bewohner Istanbuls durchdrungen wähnt: »Durch mein Zeichnen und Schreiben auf der beschlagenen Scheibe komme ich in bessere Stimmung, und schließlich wische ich alles ab und kann nach draußen schauen. Doch was ich dann sehe, kann auch wieder ›hüzün‹ in mir auslösen. Höchste Zeit also, sich mit diesem Gefühl, das diesem als das Schicksal der ganzen Stadt erscheinen kann, einmal näher zu beschäftigen.«[15]

Pamuk erklärt sich die Wehmut, die überall an den beschlagenen Fenstern Istanbuls hängt, zum einen aus dem individuellen Bewusstsein von Verlust und Vergänglichkeit, zum anderen aus dem kollektiven Bewusstsein vom Untergang des Osmanischen Reiches. Das türkische *Hüzün*, erzählt er, ist ein aus dem Arabischen abgeleiteter Begriff, der auch im Koran Erwähnung findet. In einem eigenen Kapitel mit dem Titel »Hüzün – Melancholie – Tristesse« unternimmt Pamuk einen Versuch, das Gefühl in einen breiteren arabischen und islamischen Kontext zu stellen. Denn auch in der arabischen Welt war die Melancholie ein weitverbreitetes Phänomen. Pamuk erwähnt unter anderem den Philosophen Al-Kindi aus dem 19. Jahrhundert, der auch als Vater der islamischen Philosophie gilt; er glaubte, dass die melancholische Stimmung nicht nur mit dem Tod oder dem Verlust eines geliebten Menschen zusammenhängt, sondern auch mit anderen Gemütszuständen wie Wut, Liebe, Groll und Argwohn. Der persische Arzt Ibn Sina, der im 10. Jahrhundert lebte, beschrieb in seinem Traktat *Fi'l Huzn*, »Über die Wehmut«, Melancholie als »eine schwere Stimmungsstörung« und empfahl Diäten und Ruhe, viel Ruhe, als probate Mittel an. Dieser arabische Philosoph, Naturwissenschaftler und Arzt – auch unter seinem lateinischen Namen Avicenna bekannt – war im Mittelalter dank seiner umfangreichen medizinischen Schriften in ganz Europa überaus einflussreich.

Pamuk zufolge gibt es zwei unterschiedliche Formen von Melancholie, die in der arabischen Welt mit dem Islam in Verbindung gebracht werden; sowohl das Wort *Hüzün* (Wehmut) als auch das davon abgeleitete Wort *Hazen* kommen im Koran vor. Die erste, eher negativ gedeutete Form der Melancholie ist Resultat einer zu großen Bindung an materielle Dinge und irdische Vergnügungen; sie mahnt uns: »Wenn du dich nicht an Vergängliches klammern würdest und statt dessen ein aufrichtiger Muslim wärst, würden weltliche Verluste dich ohnehin nicht bekümmern.«[16] Die zweite Form ist in der Mystik verwurzelt und hat eine viel positivere und verständnisvollere Sicht auf die Melancholie und die Stellung, den Verlust und Leid im Leben einnehmen. Diese mystische Wehmut entsteht, wenn einen das Gefühl »der Unzulänglichkeit« überkommt, »Gott nicht nahe genug zu sein und hienieden für Gott nicht genügend tun zu können. Da ein echter Sufi sich weder um Hab und Gut noch um den Tod scheren darf, muss bei ihm das Gefühl von Verlust und Entbehrung mit der fehlenden Nähe zu Gott und unzureichender Tiefe des Seelenlebens zu tun haben.« Nach dieser Auffassung ist nicht die Anwesenheit von Melancholie, sondern ihre Abwesenheit eine Unzulänglichkeit, wodurch Trauer und Melancholie untrennbar mit dem Islam verbunden sind. Oder, wie Pamuk schreibt: »Dass man, dieser Logik folgend, die Unfähigkeit zur Melancholie als Grund anzusehen hat, melancholisch zu werden, und betrauern soll, nicht genügend trauern zu können, hat der Melancholie in der islamischen Kultur erhebliche Wertschätzung eingetragen.«[17] Pamuk unterscheidet in seinem Roman bewusst zwischen Melancholie und Wehmut, weil er unter Ersterer die Gefühle oder Stimmungen eines Individuums versteht, unter Wehmut hingegen jenes »von Millionen Menschen zugleich verspürte schwarze Gefühl«.[18] Diese kollektiv empfundene Wehmut hat in Istanbul vor allem mit dem Niedergang des Osmanischen Reiches zu tun; es ist ein allgemeines Gefühl des Verlustes, dem wir zum Beispiel auch in Wien als ehemaliger Hauptstadt des Habsburgerreiches begegnen. Das eine Gefühl verstärkt das andere, weswegen Pamuk zu dem Schluss kommt, dass alle Fenster in Istanbul von Wehmut beschlagen sind. Daran schließt eine ausführliche Beschreibung der türkischen Wehmut an, die mit den folgenden Worten beginnt: »Wir lassen also die Momente und Orte Revue passieren, an denen dieses Gefühl sich am deutlichsten manifestiert. Das sind dann früh hereinbrechende Abende, Familienväter, die in einem Vorort mit einer Tüte in der Hand unter einer Straßenlaterne ihrem Heim entgegenstreben, alte Buchhändler, die während einer der zahlreichen Wirtschaftskrisen in ihrem Lädlein frieren und den lieben langen Tag vergeblich auf Kunden warten, Friseure, die darüber jammern, dass in solchen Krisen die Kunden sich immer seltener blicken lassen, an verwaisten Anlegestellen vertäute alte Bosporus-Dampfer, Schiffer, die beim Putzen auf einen kleinen Schwarzweißfernseher schielen ...«[19] Und so geht es weiter über viele herrliche Seiten voller unübertroffener Wehmut.

Die Melancholie ist eine Stimmung, die Menschen über die Grenzen von Zeit, Kultur, Glauben und Ethnie hinweg miteinander verbindet. Das ist an sich auch nicht weiter verwunderlich, schließlich ist Melancholie eine Stimmung, die den Verlust und die Vergänglichkeit, mit denen wir uns von Jugend an konfrontiert sehen, spürbar macht.

3

MELANCHOLIE UND KINDHEIT

Unser erstes Erlebnis ist,
bemerkenswerter Weise, ein Entschwund.
– LOU ANDREAS-SALOMÉ

Worin findet die Melancholie, die so charakteristisch für die menschliche Existenz ist, ihren Ursprung? Wenn die melancholische Stimmung oder der melancholische Gemütszustand ein beinahe konstanter Faktor in der Geschichte der Menschheit ist, gibt es dann – außer dem Wissen um unsere Vergänglichkeit – noch einen weiteren Verlust, der mitverantwortlich für sie ist? Hat Melancholie nur mit Trauer und unserer Angst vor dem Tod zu tun oder gibt es auch noch etwas anderes, das wir teilen und das es immer schon gab? Was geht beim Übergang von der Kindheit zum Erwachsensein alles verloren und inwieweit bestimmt auch dieser Verlust unsere Melancholie?

In der abendländischen Philosophie gehört die Beschäftigung mit dem Tod zu den großen Themen, doch Geburt und Kindheit wurden lange Zeit wenig beachtet. Obwohl man in der Antike durchaus schon über Fragen der Erziehung philosophierte, dauerte es noch bis ins 20. Jahrhundert, bevor man sich ernsthaft mit dem Einfluss der Kindheit auf das spätere seelische Wohlergehen befasste. Es war der Philosoph der Aufklärung, Immanuel Kant, der als einer der Ersten diesen Zusammenhang herstellte, als er eine Erklärung für die Anzeichen von Heimweh suchte, die deutsche Soldaten massenhaft zeigten. Sie litten unter anderem an Schlaflosigkeit und Niedergeschlagenheit, es mangelte ihnen an Appetit und Kampfeswillen. Sie versanken in eine allgemeine Lethargie, mit der sich kein Krieg gewinnen ließ. Kant zufolge plagte die Soldaten aber weniger Heimweh im eigentlichen Sinne als vielmehr eine große Sehnsucht nach ihrer Kindheit. Eine für die damalige Zeit völlig neuer und darum erstaunlicher Gedanke.

Melancholie scheint nicht nur mit der Angst vor dem Tod und dem Verlust geliebter Menschen zusammenzuhängen, sondern auch damit, dass wir unsere Kindheit aus dem Blick verloren haben. Offenbar liegt darin der Grund für das Leiden; wir wollen uns, vor allem, wenn wir uns in einer aussichtslosen Situation auf dem Schlachtfeld befinden, in der Kindheit wieder nahe sein. Aber wie soll das gehen, wenn auf die eine oder andere Weise ein hoher Zaun um diese Kindheit errichtet wurde? Und wie und warum ist es zu dieser Umzäunung gekommen?

Erwachsenwerden geht mit Begrenzungen einher. Eltern setzen Grenzen und nennen das Liebe. Die Gesellschaft setzt Grenzen und nennt das Recht. Und so geht es weiter. Mit dem Ergebnis, dass wir mit allen möglichen Beschränkungen leben müssen. Zuerst werden wir der Grenzen des Zimmers, des Gartens, des Hauses, in dem wir leben, gewahr. Später folgen die Grenzen zwischen dem Ich und dem anderen, die Grenzen der Sprache, der Gewohnheiten, Vorschriften, Regeln und Bräuche. Allesamt Grenzen, ohne die wir nicht aufwachsen und zu einer vollständigen Person hätten werden können. Aber auch Grenzen, die uns in Gegenstellung zur Welt bringen und uns deshalb ein Gefühl der Verlassenheit aufbürden. Bereits vor Kant hatte Rousseau, wie erwähnt, einen Zusammenhang zwischen seiner Kindheit und seinen späteren Gefühlen der Melancholie hergestellt. Doch es sollte noch ein weiteres Jahrhundert dauern, bis Denker wie Nietzsche, Salomé und Freud den psychologischen Einfluss der Kindheit wirklich ernst nahmen.

Das geringe Interesse für die Kindheit rührt vielleicht daher, dass früher westliche Philosophen die Erziehung ihrer Kinder gerne ihren Ehefrauen überlassen haben und diese Tätigkeit einer ernsthaften wissenschaftlichen Betrachtung als einigermaßen unwürdig erachteten. Erst gegen Ende des 19. Jahrhunderts begann sich die Psychologie als wissenschaftliche Disziplin zu entwickeln. Innerhalb dieser Disziplin beginnt die Kindheit nun gerade eine Hauptrolle zu spielen. Etwa zur gleichen Zeit widmen sich auch eine Reihe von Philosophen diesem Phänomen, darunter die russisch-deutsche Schriftstellerin, Philosophin und Psychoanalytikerin Lou Andreas-Salomé (1861–1937). Nach meinem Dafürhalten formuliert sie eine der interessantesten Ansichten über die Beziehung zwischen der Kindheit und der späteren Melancholie im Erwachsenenalter.

Lou Andreas-Salomé war eine äußerst produktive Schriftstellerin, aber trotz ihres beeindruckenden Œuvre, das sich aus Dutzenden von Buchtiteln und einigen hundert Essays über human- und naturwissenschaftliche Themen, Philosophie, Theologie, Theater und Kunst zusammensetzt, wird sie noch immer lediglich als »die Muse« berühmter Männer wie Nietzsche, Rilke und Freud angesehen. Ich entdeckte ihr Werk, als ich in Anfang der achtziger Jahre in Paris studierte und den Philosophen Gilles Deleuze in einer seiner Vorlesungen sagen hörte, Salomé habe ein sehr originelles und tiefgründiges Buch über Nietzsche geschrieben. Nachdem ich diese Studie gelesen hatte, in der es ihr in wenigen hundert Seiten gelingt, den Kern von Nietzsches Denken zu erfassen und auch mit seinem Leben zu verbinden, musste ich Deleuze zustimmen. Hier ergriff eine Schriftstellerin das Wort, die aus Sicht der Philosophie, Psychologie, Literatur und Kunst die tieferen Regionen der menschlichen Existenz zu beleuchten vermochte und darüber bemerkenswert spannende, aber auch beunruhigende Dinge zu sagen wusste.

Ob sie nun wirklich »der Stein der Weisen« war, wie sie Nietzsche in einem Anfall von verliebter Bewunderung nannte, überlasse ich gerne dem Urteil der Leser. Zumindest aber hätte seine Bemerkung, Salomé sei »die einzig würdige Nachfolgerin« seiner Philosophie, von seinen eigenen Biographen und Exegeten ein wenig ernster genommen werden können. Inzwischen ist eine Wiederentdeckung des Werkes von Salomé im Gange; neben den vielen Neuauflagen ihres Werks bei der Edition Welsch entstand 2016 die Filmbiografie *Lou Andreas-Salomé* der deutschen Filmemachern Cordula Kablitz-Post, 2017 fand ein internationaler Kongress in Straßburg statt, auf dem ich Wissenschaftler aus der ganzen Welt traf, die sich mit ihrem Werk befassten, und erblickten mehrere Theaterstücke über sie das Licht der Welt wie *Lou Andreas-Salomé* (2014) von Lutz Kessler in Deutschland, *Lou* (2016) von Lorenzo Malaguerra in Frankreich und *Een Winterplan* (2017) von OT Rotterdam.

Eines der Hauptthemen im Denken von Lou Andreas-Salomé ist die Vorstellung eines inneren Selbst, das unter anderem die unwiederbringlichen Erinnerungen an unsere frühste Kindheit in sich einschließt. Dieses Selbst beherbergt die Empfindungen, Eindrücke und Erfahrungen unserer ersten Lebensjahre, als wir noch nicht sprechen konnten und deshalb auf eine unmittelbare, da nicht sprachlich vermittelte Weise in der Welt standen und mit anderen verbunden waren. An diese Erfahrungen können wir uns weder bewusst erinnern noch sie wachrufen, weil sie vorsprachlicher Natur sind; sowohl Salomé als auch Freud sprechen daher in diesem Zusammenhang von unserer persönlichen »Prähistorie«. Unbewusst werden wir uns allzeit nach dem Reichtum und der Verbundenheit dieser Lebensphase zurücksehnen. Diese Sehnsucht nach dem natürlichen Aufgehen in einer uns umgebenden Welt und der damit einhergehenden Verbundenheit mit allem bildet gewissermaßen den ersten Baustein unserer Melancholie.

Sie verstärkt sich noch, wenn wir im Laufe unserer Kindheit einige wichtige und schockierende Entdeckungen machen. So wird uns etwa allmählich bewusst, dass wir, um sprechen zu können, zwischen uns und anderen unterscheiden müssen. Sprechen heißt trennen und unterscheiden. Indem wir »ich« zu sagen beginnen, stellen wir uns auch als separates »Ich« den anderen gegenüber oder neben die anderen, wir bilden nicht mehr das selbstverständliche »Wir«, das wir früher mit unseren Eltern oder der uns umgebenden Welt waren. »Unser erstes Erlebnis ist, bemerkenswerter Weise, ein Entschwund«[20], schreibt Salomé darum in ihrem *Lebensrückblick*. »Eben noch waren wir alles, unabgeteilt, waren unabteilbar von uns irgendwelches Sein.«[21]

Das Kind beginnt sich in dem Moment, in dem es sprechen lernt, als getrennt von anderen zu erfahren, und Salomé bezeichnet dies, übrigens ebenso wie Hannah Arendt, als eine zweite Geburt, die nun allerdings von Gefühlen des Verlustes der ursprünglichen Einheit begleitet wird: Wir sind in die Außenwelt gefallen wie in eine – anfänglich nur zerstörerische – Leere. *In der Schule bei Freud. Tagebuch eines Jahres (1912/1913)* widmet Salomé den Versuchen des Kindes, diese Leere und das Gefühl der Einsamkeit mit Hilfe seiner Fantasie zu kompensieren, eine lange Passage. Das Kind, das sich nach dem »Prinzip der immer weiter fortschreitenden Sonderung«[22] entwickelt, wird mit Hilfe seines Fantasiespiels und seiner Vorstellungskraft immer aufs Neue versuchen, sich in der Welt »wieder zu Hause« zu fühlen. Kinder nutzen Sprache zunächst zur Entwicklung dieser Fantasiewelt, mit ihr versuchen sie, die Distanz zwischen sich und den anderen zu überbrücken. Sie vermögen dies, weil sie die Realität noch nicht als eine feststehende oder unausweichliche Gegebenheit betrachten, sodass die imaginäre und die reale Welt noch ineinanderfließen können.

Etwa zur gleichen Zeit beginnt das Bewusstsein, zu ihnen durchzudringen, dass alles, was lebt, auch sterblich ist und daher auf einen bestimmten Endpunkt, einen unabwendbaren Tod zusteuert. Neben dem Gefühl des Verlassenseins trifft Kinder daher noch eine zweite Betrübnis. Jetzt, da sie erkennen, dass sie existieren, begreifen sie auch, dass sie irgendwann nicht mehr sein werden. Die ansteigende Angst vor dem Tod, die daraus erwächst, entfremdet sie langsam, aber sicher von der fantasiereichen Gegenwart. Daher werden sie die Zukunft beherrschbar zu machen versuchen und den Tod möglichst weit von sich fernzuhalten. Von diesem Moment an verlieren sie nach und nach ihre Fähigkeit, wirklich in der Gegenwart aufzugehen, sie werden zu Erwachsenen. Damit entsteht eine Kluft zur Erfahrung des jüngeren Kindes, das nach Salomé noch »das Glück des Zukunftslosen« kennt.

Der Übergang vom Kind zum Erwachsenen geht des Weiteren mit einer immer größeren Distanz zum unbewussten inneren Selbst einher, das sozusagen vom selbstbewussten, rationalen »Ich« oder »Ego« überschattet wird, das dem Erwachsenen aufträgt, in der Welt zu funktionieren. Die sich dadurch ergebende Entfremdung vom inneren Selbst hat zur Folge, dass sich die Gefühle der Melancholie und des Verlustes verstärken. Im Übergang von der frühen Kindheit zur Adoleszenz – einem Übergang, der mit dem Übergang von der imaginären zur symbolischen Ordnung zusammenfällt – wird der Mensch zum homo melancholicus: zu jemandem, der um den Verlust die Einsamkeit und die Vergänglichkeit weiß und dieses Wissen entweder in Reflexion, Selbsterfahrung und Kreativität umzuwandeln oder es zu verdrängen versucht, indem er sich auf Macht, Materielles und Zerstreuung konzentriert. Bei beiden Strategien wird jedoch die Sehnsucht, die verlorene Einheit wiederzuerlangen, weiterhin ihre Wirkung entfalten. Denn von dem Moment an, an dem Kinder ein »Ich«-Bewusstsein entwickeln, verlieren sie Salomé zufolge ihre unmittelbare Verbundenheit mit der Welt. Mit den Worten Rilkes: »Dies heißt Schicksal / gegenüber sein, und nichts als das und immer gegenüber.«

Ich selbst erinnere mich noch gut an den Moment, in dem mir dieses »Gegenüber-sein« zum ersten Mal bewusst wurde. Es war während einer Übernachtung bei meiner Oma. Als ich am Spätnachmittag die Treppe hinaufschlich, sah ich auf dem dunklen Treppenabsatz, dass ihre Schlafzimmertür offen stand. Verbotenes Territorium, das wusste ich, trotzdem ging ich hinein. Der schwach beleuchtete Raum wurde fast vollständig von einem großen Bettgestell und einem Eichenschrank mit zwei länglichen Spiegeln an den Türen eingenommen. Ich stand vor dem Schrank und sah, wie sich hinter meinem Kopf die grauen Vorhänge im Wind hin und her bewegten.

Dann betrachtete ich mein Spiegelbild, und es wurden mir zum ersten Mal die scharfen Konturen bewusst, die mich von meiner Umgebung abgrenzten. Die Konturen waren so scharf, dass ich mir selbst wie eine dieser gezeichneten Puppen vorkam, die man in der Schule entlang der perforierten Linien auf dem Papier herausdrücken musste. Ich konnte einfach nicht glauben, dass ich es war, dieses vereinzelte, abgetrennte Mädchen in dem grauen Zimmer. Etwa zur gleichen Zeit verlor ich auch das Interesse an Spielzeug und Puppen. Sie lagen zwar noch da, in der Ecke meines Zimmers, aber sie sahen so leblos aus, dass ich ihnen keine Beachtung mehr schenkte. Ich tauschte sie gegen Bücher aus, in denen ich fortan mein ausgeschnittenes Selbst unterbrachte. Als ich Jahre später Lou Andreas-Salomés philosophische Reflexionen über genau diese Erfahrung las, bedeutete das für mich mehr als bloßes Wiedererkennen; es fühlte sich an, als käme ich in dem Buch mit einer anderen nach Hause, einer fernen Fremden, die hundert Jahre vor mir in St. Petersburg geboren worden war.

Während jüngere Kinder noch mit Hilfe ihrer Fantasie die Brücke zu der Welt schlagen können, die sie umgibt, ist dies für den erwachsenen Menschen, der die imaginäre Welt des Kindes hinter sich gelassen hat, ein viel schwierigeres Problem. Salomé benennt in ihrem Werk zwei menschliche Erfahrungen, die uns wieder zu unserem inneren Selbst und zu unserem fantasievollen Aufgehen in der Welt zurückführen können: Liebe und Kunst.

LIEBE UND MELANCHOLIE

In *Gedanken über das Liebesproblem* (1900) beschreibt Salomé die melancholische Sehnsucht nach einem unmittelbaren und ungetrennten Aufgehen in der Welt, das für gewöhnlich durch »unsere Wände, an die wir uns stoßen und an die wir uns das Weltbild malen, gleichviel wir sie noch so weit auseinanderrücken mögen«[23], verhindert wird. In der Liebe aber wird dem Menschen die Erinnerung an die frühe Kindheit wieder zurückgegeben, eine Erinnerung, die er nicht bewusst hervorzuholen vermag, die aber dank der Dynamik des Eros gleichwohl an die Oberfläche gelangen kann. Es ist ein »Nachhause-Kommen zu uns selbst [...], ein Ausruhen und Atemholen nach allen geteilten und getrennten und vereinzelten Betätigungen des Lebens«[24], schreibt Salomé.

Dieses »Nachhause-Kommen« oder *Heimischwerden* im Selbst wird möglich dank der zweifachen oder paradoxen Bewegung, die im Austausch der Liebe stattfindet. Einerseits wird das scharf konturierte »Ich« oder »Ego« in der Liebe durchbrochen oder geöffnet und stirbt so einen zeitweiligen Tod, den Salomé *Selbstvergessenheit* nennt. Doch weil die Grenzen des Selbst durchbrochen werden, stillt die Liebe andererseits die Sehnsucht, in das innere Selbst hinabzusteigen, von dem es seit dem Eintritt in die symbolische Ordnung getrennt war; Salomé nennt diese Sehnsucht auch *Selbstsucht*. Die Liebe kennt also eine doppelte Bewegung, bei der das Ich oder Ego zeitweilig überstiegen oder durchbrochen wird, um dem Selbst Raum zu geben.

Salomé geht hierbei, übrigens in Übereinstimmung mit Denkern und Denkerinnen wie Henri Bergson oder Hannah Arendt, von einem zweistimmigen oder dialogischen Menschen aus, der sich aus dem bewussten Ich und dem unbewussten Selbst bildet. Damit wollte sie den cartesianischen Subjektbegriff aufbrechen, der sich auf Rationalität und Selbsterkenntnis gründet. Salomé betont die Doppelschichtigkeit der menschlichen Subjektivität; dank der dialogischen Beziehung, die zwischen dem Ich und dem Selbst besteht, kann der Mensch nicht auf bestimmte Aspekte seiner Identität festgelegt werden; der Mensch ist im besten Falle immer ein im Werden begriffenes Subjekt. Die paradoxe Dynamik des Eros sorgt mit anderen Worten dafür, dass wir einen Abglanz des vorsprachlichen Selbst erhaschen können, das hinter unserem rationalen Bewusstsein liegt – diesen »Ur-Traum«[25], wie Salomé sagt, oder »diese Urtiefe des Seins«, zu der wir für gewöhnlich keinen Zugang haben.

Der Eros ist also eine transgressive Kraft, die den Menschen sowohl dem Tod – Thanatos – als auch dem Leben – Baubo – näherbringt, weil nur in der Überschreitung des Ichs ein neuer Umgang mit uns selbst und der Welt möglich wird. Letzteres ist im Zusammenhang mit unserem Versuch, die Melancholie zu ergründen, von großer Bedeutung. Schließlich wird der Melancholiker, wie wir im Folgenden bei Freud sehen werden, von einer extremen Todesangst heimgesucht, die ihn nicht nur trübsinnig und traurig, sondern auch krank und ohnmächtig macht; dank der Liebe kann sich der Mensch für einen Augenblick von der Tyrannei des Todes befreien, nicht weil die Liebe sich über den Tod erheben würde, sondern weil sie sich gerade mit ihrer Selbstvergessenheit so nahe an den Tod des Ichs oder des Egos heranwagt.

»Wir werden in der Liebe, Hingabe, ja uns selber geschenkt«, schreibt Salomé in *In der Schule bei Freud*, »wir werden uns in ihr präsenter, umfänglicher, mit uns selbst vermählter als zuvor.«[26] Ihr Gedankengang erinnert an das, was die Philosophin und Psychoanalytikerin Julia Kristeva fast ein Jahrhundert später in ihren *Histoires d'amour (Geschichten von der Liebe)* schrieb: »L'amour est une mise à mort qui me fait être«, die Liebe ist eine Tötung, die mich werden lässt, oder die mich sein lässt. *Amor – à mort*. Gerade weil Eros und Thanatos, die Götter der Liebe und des Todes, die Liebenden gleichzeitig in den Liebesrausch aufnehmen, steht ihnen der Tod nicht mehr als drohender Endpunkt gegenüber, sie sind ihm gewissermaßen so nahe, dass sie ihn nicht mehr sehen können. »Denn nah am Tod sieht man den Tod nicht mehr«, schrieb Rilke in seinen *Duineser Elegien*. Gerade weil die Liebenden »nah am Tod« sind, sind sie auch »voller Leben«.

Die Liebe bietet uns also die Möglichkeit, sowohl uns selbst als auch den anderen im tiefsten Sinne kennenzulernen, das heißt, der Erfahrung von Einsamkeit und Verlassenheit Einhalt zu gebieten, uns mit dem Tod zu versöhnen und den Reichtum und die Fülle des unbegrenzten inneren Selbst erneut zu erfahren. Nietzsche, mit dem Salomé während eines Sommers in Tautenburg zusammenarbeitete, schrieb dazu in *Also sprach Zarathustra*: »Es kehrt nur zurück, es kommt mir endlich heim – mein eigen Selbst, und was von ihm lange in der Fremde war und zerstreut unter alle Dinge und Zufälle.«[27] Die Risse, die durch die Kraft des Eros im Bollwerk unserer Identität entstehen, geben einen Einblick in die Welt, wie wir sie in den ersten sprachlosen Jahren unseres Lebens erlebt haben. In der Liebe gewinnt der Mensch das zurück, wonach er sich am meisten sehnt: »die Erinnerung an seine früheste Kindheit«, wie Ovid schrieb. Das ist eine Erinnerung, die er dem römischen Dichter zufolge für gewöhnlich nicht erreichen kann, die er aber gleichwohl »immer in sich trägt«. Der Eros ermöglicht es dem Menschen, in die dunklen Höhlen seiner vorsprachlichen Prähistorie hinabzusteigen. Obwohl dies beängstigend und bedrohlich sein kann – schließlich werden damit alle erworbenen Gewissheiten aufs Spiel gesetzt –, übt es dennoch eine große Anziehungskraft auf uns aus; denn wir lernen durch diesen Abstieg uns selbst und die Welt mit anderen Augen zu sehen. Und wer möchte seine alte Haut nicht einmal abstreifen, um an ihrer statt eine neue zu bekommen? Der Eros, so Salomé, lässt uns die Welt neu schmecken. Der Eros ist das »Medium, wodurch das Leben für uns beredt ist«, schreibt sie in *Die Erotik*, »Lieben heißt im ernstesten Sinn: Jemanden wissen, dessen Farbe die Dinge annehmen müssen, wenn sie so ganz zu uns gelangen wollen, so daß sie aufhören gleichgültig oder schrecklich, kalt oder hohl zu sein.«[28]

Aus all diesen Gründen ist die Liebe für Salomé eines der probatesten Mittel gegen das Abgleiten unserer mehr oder weniger normalen melancholischen Gefühle in eine Depression oder andere psychiatrische Störungen. Das gibt zu denken, heute, da wir zu Beginn des 21. Jahrhunderts mit einem wahren Ausbruch von Depressionen konfrontiert sind. Haben wir nicht mehr den Mut, uns dieser Liebe hinzugeben, oder wird uns das unter der Hand von der gesellschaftlichen Situation verleidet oder unmöglich gemacht? Liegt es daran, dass »die wahre Liebe in der Hauptstadt des Online-Datings schwer zu finden ist«, wie die Amsterdamer Zeitung *Uitkrant* im Februar 2017 in Reaktion auf Dating-Apps wie Tinder auf ihrer Titelseite schrieb? Haben wir nicht mehr die Geduld oder die Zeit, auf die Liebe zu warten, passt sie nicht in unseren Karriereplan, oder sind wir selbst so medikalisiert, dass wir uns nicht mehr trauen, unsere Melancholie auf einen Mangel an Liebe zurückzuführen, und sie deshalb eilig als Krankheit kategorisieren? Und ist das einmal geschehen, ist ein Rezept schnell geschrieben, sodass niemand mehr nach der Ursache seiner Gefühle zu suchen braucht. Denn die einzige Quelle, aus der die Melancholie dann scheinbar herrührt, sind die chemischen Prozesse in unserem Gehirn, welche sich nur durch Pillen beeinflussen lassen – ob sie nun wirken oder nicht. Unsere Gefühle an Umgebungsfaktoren wie einem Mangel an Aufmerksamkeit, Ruhe oder Liebe zu koppeln, würde uns einerseits die Augen dafür öffnen, dass die Institutionen, die wir zur Bekämpfung der Melancholie ins Leben gerufen haben, nicht funktionieren *können*, und uns andererseits damit konfrontieren, dass wir die Strukturen, die sehr wohl funktioniert haben, wie Gemeinschaftssinn, Selbstentfaltung und liebevolle psychische Fürsorge, zu Unrecht zerstört haben.

Wäre es daher nicht viel besser, schlägt auch Lisa Appignanesi in *Mad, Bad and Sad* vor, wenn die Behandlung von Depressionen stärker auf Gesprächen und liebevoller Zuwendung beruhen würde und weniger auf Pillen und digitalen Selbsthilfeprogrammen, dem sogenannten E-Health, das neuerdings von der Regierung gefördert wird? Aber das kostet Zeit, und davon gibt es in der psychischen Gesundheitsversorgung leider immer weniger. Verschiedene Studien zeigen jedoch, dass Zeit und Aufmerksamkeit mit am wirkungsvollsten und bei Depressionen und Burnouts sogar ausschlaggebend für den Heilungsprozess sind. Abgesehen von den Folgen der Einsparungen an Zeit und Aufmerksamkeit in der Gesundheitsfürsorge sollten wir in einem größeren Zusammenhang auch das Verhältnis von Liebe und Gesellschaft beleuchten. Ich werde darauf später noch einmal ausführlicher zurückkommen und hierbei auf Hannah Arendts Konzept der *amor mundi* eingehen. Der Zerfall gemeinschaftlicher Bezüge und Erzählungen, die weitreichende Individualisierung und die zunehmende Anonymisierung durch Digitalisierung sind ebenfalls Faktoren, die in die Untersuchung zu Melancholie und Depressivität einbezogen werden sollten.

4

MELANCHOLIE UND KUNST

Die Melancholie ist nie abgeschlossen.
Wir müssen ihre Geschichte weiterschreiben.
Sie lehrt uns, etwas von der Dunkelheit, von den
Schattenseiten unseres Geistes zu verstehen.

– ANISH KAPOOR

Melancholie steht in Zusammenhang mit einem Bewusstsein von Verlust und Vergänglichkeit, das im Verlaufe unserer Kindheit von uns Besitz ergreift, zu einer Zeit, in der wir nicht mehr in ungeteilter und »unmittelbarer« Weise an der Welt, die uns umgibt, teilhaben und uns der Endlichkeit von allem, einschließlich unserer selbst, bewusst werden. Melancholie ist auch stark mit unserem Zeitbewusstsein verbunden. Gerade weil wir wissen, dass wir in die / der Zeit versunkene Wesen sind, unterscheiden wir zwischen Vergangenheit und Zukunft; wir können auf die Zeit, die hinter uns liegt, zurückblicken und angesichts all dessen, was in der Zwischenzeit schon wieder geschehen und vergangen ist, Wehmut empfinden. Wir können uns mit dieser Erkenntnis abfinden, aber wir können auch versuchen, sie kreativ umzusetzen. Wer schreibt, malt oder komponiert, gibt dem menschlichen Zeitempfinden Form, indem er mit dem Rhythmus und der Kadenz der Sätze, Bilder oder Klänge spielt. Zuweilen muss dabei beschleunigt, viel öfter aber auch endlos verlangsamt werden, um den eigenartigen und selten regelmäßig schlagenden Rhythmus des Lebens erfassen zu können. Schöpferisch tätig sein bedeutet daher, seinen Spott mit dem monotonen Ticken der Uhr zu treiben, wie es der Dichter W.H. Auden formulierte: »All our intuitions mock/the formal logic of the clock.«

Zeit und Melancholie nehmen eine Hauptrolle in der Kunst ein, ganz gleich, um welche Kunstform es sich dabei handelt, um Bildende Kunst, Literatur, Theater, Tanz oder Musik. Sie bilden über die Jahrhunderte hinweg ein fast selbstverständliches Paar. Von Albrecht Dürers berühmtem Kupferstich *Melencolia I* bis zu Poulencs Komposition *Mélancolie* sehen wir den geheimnisvollen »Herzschmerz« oder die »barocke Leere«, wie Musil die Melancholie beschrieb, als ein wesentliches Merkmal der in der Zeit versunkenen Conditio humana. So konträr wie der homo melancholicus zum strahlend positiven und ewig optimistischen Menschenbild des Neoliberalismus steht, trifft man ihn heutzutage vor allem auf der Bühne der Künste an, wo er seiner eigenen Wehmut eine Stimme gibt, damit aber auch den Lesern, Zuhörern und Zuschauern in ihrer Melancholie hilft und Trost spendet. Viele zeitgenössische Künstler, die in der Ausstellung *Melancholie. Genie und Wahnsinn* in Paris und Berlin vertreten waren, bezogen sich auf Dürers Kupferstich, der offenbar auch fünf Jahrhunderte später noch immer unsere Fantasie beflügelt. So etwa stellte Ron Mueck seinen »Big Man« in der gleichen melancholischen Pose wie Dürers Engel in tiefe Gedanken versunken dar, während Claudio Parmiggiani eine Marmorkonstruktion auf einem Grabmal mit dem Titel *Melencolia 1514–2003* errichtete, einer Benennung, deren erste Jahreszahl auf Dürers Stich verweist.

Woher rührt diese innige Beziehung zwischen Kunst, Zeit und Melancholie? Der Künstler sucht zum einen nach einer Art des Umgangs mit dem Tod, zum anderen versucht er aber auch, eine Antwort auf die Sehnsucht zu finden, etwas Gestalt zu geben oder auszudrücken, das nie existiert hat oder unerinnerbar geworden ist. Wie die Liebe steht auch die Kunst sowohl dem Tod als auch dem Noch-nicht-Geborenen nahe und entgeht daher in gewissem Sinne der chronologischen Linie, die von der Wiege zur Bahre führt. Oder sie versucht, diese Linie zu einem Kreis zu formen, also den Punkt zu finden, an dem sich Vergangenheit und Zukunft, Tod und Geburt begegnen, sodass aus diesem Zusammentreffen etwas Neues entstehen kann. Schriftsteller und Künstler versuchen, sich dem einzigartigen und besonderen Charakter der Dinge anzunähern, indem sie sich in eine imaginäre Welt versetzen, die nicht auf die Uhrzeit oder auf Gleichförmigkeit ausgerichtet ist. Sie konzentrieren sich dabei auf einen Ort »außerhalb« der Alltagssprache, wie es der französische Schriftsteller Maurice Blanchot ausdrückt, »wo die Dinge noch nicht benannt und festgelegt sind«. Der Maler Paul Klee spricht zum Beispiel von einer Zwischenzeit oder Zwischenwelt, in der der Künstler tätig ist, eine Welt, die ihm zufolge Ähnlichkeiten mit der frühen Kindheit aufweist, in der die Welt zwar sinnlich erlebt, aber noch nicht sprachlich erfasst wird. Darauf verweist auch Erwin Mortier, wenn er seinen Roman *Meine zweite Haut* mit den Worten beginnen lässt: »Es war, bevor ich wirklich sprechen konnte. Kaum etwas besaß einen Namen, alles war Körper.«[29] Der Roman ist ein Versuch, den Übergang von dieser ersten kindlichen Phase zu dieser zweiten, erwachsenen »Haut« zu beschreiben. Schriftsteller und Künstler lauschen mit einem Ohr dieser noch unartikulierten Dimension der Zwischenwelt oder des »Außerhalbs«, mit dem anderen spüren sie jedoch den Möglichkeiten nach, die die Sprache oder das künstlerische

Medium bietet, um davon dennoch Zeugnis ablegen zu können.

Wir können beispielsweise die Weite des Meeres durchaus begrifflich fassen, doch diese Bezeichnung geht auch mit einem gewissen Verlust einher; der einzigartige und spezifische Charakter des Meeres, der sich unseren Augen darbietet, geht im allgemeinen Begriff des »Meeres« nicht ganz auf. Es stellt sich gewissermaßen etwas zwischen uns und das Meer und hindert uns daran, die Einzigartigkeit dieser »Seascapes« (Meeresansichten), wie eine Serie von Fotografien des japanischen Künstlers Hiroshi Sugimoto heißt, tatsächlich einzufangen. Deshalb positionierte Sugimoto seine Kamera stundenlang auf einen Ausschnitt des Meeres; statt sofort ein Foto zu schießen, ließ er die Kameralinse die ganze Zeit über offen, um auf diese Weise das »Wesen« dieses Meeres einfangen zu können. Die Ergebnisse sind mitunter verblüffend, wie bei Sugimotos Ausstellung »Black Box« im Fotografiemuseum in Amsterdam 2016 zu sehen war. Ein jeder, der etwas beschreiben oder darstellen will, stößt an die Grenzen von Bild und Sprache. Denn darin soll etwas »festgehalten« werden, was zutiefst veränderlich und nicht greifbar ist. Auch diese Kollision verstärkt unser melancholisches Bewusstsein darüber, dass wir niemals dazu imstande sein werden, die spezifische und einzigartige Natur des Meeres, die vor uns liegt, ganz zu erfassen.

Der Weg, den der Künstler zurücklegen muss, um in die Zwischenwelt zu geraten, macht ihn zu einem Orpheus, der es wagte, in die Dunkelheit des Totenreichs zu seiner verstorbenen Geliebten Eurydike hinabzusteigen. In *Le regard d'Orphée* (1953), *Der Blick des Orpheus*, beschreibt Maurice Blanchot dies als den Abstieg zu dem »tief dunklen Punkt, dem die Kunst, der Wunsch, der Tod, die Nacht anscheinend zuneigen«.[30] Der Dichter weiß, dass dieser »dunkle Punkt« hinter ihm liegt, und er weiß auch, dass er sich nicht zu seiner Geliebten umdrehen darf. Die Versuchung ist jedoch zu groß, wie Orpheus dreht er sich um und sieht sie wieder zurück in die Nacht fallen. Blanchot zufolge ist dies genau der Moment, in dem die Kunst entsteht und zugleich scheitert. Sie entsteht, weil die Quelle der Inspiration, Eurydike, zum Greifen nahe ist, sie scheitert daran, dass ihre Anwesenheit nie in eine endgültige Form, nie in eine vollständige Gegenwärtigkeit überführt werden kann.

Eurydike verschwindet in dem Moment, in dem sich der Schriftsteller oder Künstler dem Papier oder der Leinwand zuwendet, um das aufzuschreiben bzw. darzustellen, was er (nicht) gesehen hat. In *Verstehen Sie mich bitte recht*, einer von Claudio Magris aus der Perspektive einer modernen Eurydike geschriebenen Erzählung, wird der Wunsch des Schriftstellers, des Künstlers, des Musikers in folgender Weise ausgedrückt: »Dort draußen, Herr Präsident, ist man gierig danach zu wissen; auch wer vorgibt, sich nicht dafür zu interessieren, gäbe weiß Gott was darum, es zu erfahren. Er aber ist in dieser Hinsicht noch gieriger als alle anderen, denn er ist ein Dichter, und die Dichtung, sagt er, muss das Geheimnis des Lebens aufdecken und verkünden, den Schleier herunterreißen, die Türen aufbrechen, den Meeresgrund berühren, wo sich die Perle verbirgt. Vielleicht, habe ich gedacht, ist er vor allem – oder nur? – deshalb gekommen, mich zu holen, um zu wissen, um mich auszufragen, damit ich ihm erzähle, was sich hinter diesen Pforten verbirgt, und damit er seine Leier nehmen könnte und das neue, unerhörte Lied anstimmen, das Lied, das von dem erzählt, was niemand weiß.«[31]

Schriftsteller und Künstler erkunden die Grenzen zwischen dem Sagbaren und Unsagbaren, doch sie müssen sich, um schreiben zu können, zur symbolischen Ordnung der Schrift bekennen. Mit anderen Worten: Obwohl das Unsagbare den Anlass für das Sprechen bildet, ist es sprechend nicht möglich, im Unaussprechlichen Fuß zu fassen. Das Schreiben und Schaffen wird sich immer im Spannungsverhältnis zwischen dem Sagbaren und dem Unsagbaren, dem Vorhandenen und dem Abwesenden, dem Möglichen und dem Unmöglichen abspielen, wobei das, was schon dargestellt oder ausgedrückt ist, zu dem ausgeweitet und mit dem bereichert werden kann, was »noch nicht« ist.

Wie die Liebe bietet auch die Kunst die Möglichkeit, zu einem erneuten Umgang mit der verloren gegangenen unmittelbaren Erfahrungswelt des kindlichen Selbst zu kommen, konstatiert Salomé in »Erotik und Kunst« (1910). Zwischen Erotik und Kunst bestehe eine Blutsverwandtschaft, »ein geschwisterliches Wachsen aus derselben Wurzel«.[32] Sowohl in der Liebe als auch in der Kunst zeige sich, dass »ältere Kräfte mitwirksam werden und sich unter den individuell erworbenen mit einer leidenschaftlichen Erregung durchzusetzen«.[33] Um etwas Neues schaffen zu können, muss auch der Künstler die Grenzen des »Ich« durchbrechen, um gleichsam außerhalb seiner selbst stehen zu können – die wörtliche Bedeutung des Wortes Ekstase – und einen Schimmer der Dimension des vorsprachlichen, heterogenen Selbst erhaschen zu können. Für den Künstler »ist maßgebend, dass nicht auf unser Individual-Ich, wie es sich bewusst auf sich selbst bezieht, dabei zurückgegangen sei«, schreibt Salomé in *Narzissmus als Doppelrichtung* aus dem Jahr 1921, »sondern auf jene noch allen gemeinsame Grundlage, auf aller Wesenskindheit«.[34] Der kreative oder schöpferische Mensch taucht sozusagen in den vorsprachlichen Bereich seiner Kindheit ein: »Es ist deshalb, als ob der Schaffende noch einmal Kindheitsparadies wie Kindheitshölle gleichermaßen zu durchkosten bekäme.«[35]

Wir werden von der Kunst bewegt, weil wir etwas

von unserem »Selbst« zu erkennen glauben, einem Selbst, das einer unerreichbaren Vergangenheit anzugehören scheint, aber nichtsdestotrotz als Verlangen noch immer in uns aktiv ist. Es ist zugleich das, was wir mit allen anderen teilen und daher eine Verbundenheit zwischen den Menschen schafft. Da das kindliche Selbst noch keine Identität entwickelt hat, bietet gerade die Kunst die Möglichkeit, eine sich ständig verändernde Beziehung zu unserem bewussten »Ich« aufzunehmen, wodurch wir nicht nur in der Lage sind, uns zu erneuern oder neu geboren zu werden, sondern auch eine Verbundenheit mit anderen fühlen können.

Nietzsche beschreibt in *Also sprach Zarathustra* die verschiedenen Stadien der Selbstbefreiung des kreativen Geistes. Die erste Stufe ist die des schuftenden, Wissen und Fakten sammelnden Kamels. Sie ist wichtig, muss aber in der zweiten Phase überwunden werden, in der Phase des willigen und mutigen Löwen, der sich diese Fakten an-eignet, indem er sie ordnet und interpretiert. Aber allein der Geist, der in der dritten Phase wieder »Kind« geworden ist, ist Nietzsche zufolge zu wahrer Kreativität und damit zu einem Neubeginn fähig: »Unschuld ist das Kind und Vergessen, ein Neubeginnen, ein Spiel, ein aus sich rollendes Rad, eine erste Bewegung, ein heiliges Ja-sagen. Ja, zum Spiele des Schaffens, meine Brüder, bedarf es eines heiligen Ja-sagens.«[36]

Während rationales und pragmatisches Handeln den Menschen von der Vorstellungskraft seiner Kindheit wegführt, kann diese denkend, tanzend, schaffend oder liebend wiedergefunden werden. Für Salomé und Nietzsche waren Kreativität und Liebe für eine nicht-pathologische Entwicklung der Melancholie unentbehrlich. Sie sind notwendig, um die Verbindung zwischen Außen- und Innenwelt, Äußerlichem und Innerlichem, Ich und anderem herstellen zu können. Ohne diese Inspiration oder Beseelung entfremdet sich der Mensch von seinem eigenen Zentrum oder Kern. »Am schwersten fällt es dem Menschen, sich im eignen Mittelpunkt zu fassen«, schreibt Salomé im *Tautenburger Tagebuch*, das sie im Sommer 1882 führte, als sie bei Nietzsche zu Gast war: »In den meisten Stunden unseres Lebens sind wir außer uns.«[37] Dieser Mittelpunkt erscheint in beider Werk als ein tieferes Selbst, das namentlich im schöpferischen und erotischen Rausch, mit jeweils anderer Zeiterfahrung, wieder wirksam wird.

Sobald der Mensch begann, über sich selbst nachzudenken, begann er auch, über die Zeit nachzudenken. Wie ist die Zeit? Wessen Zeit ist es? »Was also ist die Zeit? Wenn niemand mich danach fragt, weiß ich's, will ich's aber einem Fragenden erklären, weiß ich's nicht«[38], schreibt Augustinus in seinen *Bekenntnissen*. Und diese wissende Unwissenheit erfahren wir auch heute noch. Gleichwohl wird unser Leben weitgehend durch das lineare Zeitmodell der Uhrzeit bestimmt, die zwar sehr genau die Anzahl der Stunden, Minuten und Sekunden in einem von uns festgelegten 24-Stunden-Zeitraum messen kann, aber weder etwas über unsere subjektive Zeiterfahrung auszusagen noch den kontinuierlichen und dynamischen Charakter der Zeit auszudrücken vermag. In der Kunst spielt genau diese andere Zeit, die ich an anderer Stelle, in *Stil de tijd* (Die Zeit zum Schweigen bringen) und *Kairos*, die kairotische Zwischenzeit genannt habe, eine wichtige Rolle. Wie verhalten sich sowohl die Melancholie als auch die Kunst zu dieser Zwischenzeit? Was verstehen wir genau unter diesem anderen Antlitz der Zeit, und warum sollte das Erleben dieser Zeit, wie griechische Philosophen und Ärzte wie Platon und Hippokrates annehmen, für unser physisches und psychisches Wohlbefinden notwendig sein?

Hier möchte ich diese kairotische Zeit vor allem mit der ästhetischen Erfahrung und der möglicherweise reinigenden Wirkung der Kunst in Verbindung bringen, um die Bedeutung von Musik, Literatur, Film, Theater und bildender Kunst für einen »gesunden« Umgang mit unserer Melancholie zu durchdenken. Das Doppelgesicht der Zeit begegnet uns in vielen philosophischen Betrachtungen. Es handelt sich hierbei um die Unterscheidung zwischen der chronologisch messbaren, universellen Uhrzeit einerseits und einer anderen, eher subjektiv erlebten Zeit, die der Philosoph Henri Bergson beispielsweise als »Dauer« bezeichnet hat. Während die Uhr bestimmt, wie viel Zeit wir haben – oder heutzutage zumeist nicht zu *haben* glauben –, besteht die »innere Zeit« nach Bergson unter anderem aus all der Zeit, die wir (gewesen) *sind*, einschließlich der Erfahrungen unserer frühen Kindheit, an die wir uns nicht mehr bewusst erinnern; diese Zeit, die knapp unterhalb unseres Bewusstseins schlummert, können wir nur erleben, wenn wir zur Ruhe kommen, indem wir beispielsweise Musik hören, einen Spaziergang machen oder ein Buch lesen. Henri Bergson, Mathematiker und Philosoph, glaubte, dass wir unser Leben »hin und wieder seinen Lauf nehmen lassen müssen«, um diese innere Zeit zu erleben. Alles, was unseren Blick vom »Haben« zum »Sein« umzuwenden versteht, kann diese Erfahrung, selbst Zeit zu sein, erschließen. Wenn wir »auf interesselose Weise« Kunst betrachten, lugt diese andere Zeit bald um die Ecke, sie kann uns »im rechten Moment« eine neue Erkenntnis, einen neuen Gedanken oder eine vergessene Erinnerung schenken.

Die Zeit als Dauer ist, im Gegensatz zur Uhrzeit, »ein unaufhörliches Werden«, schreibt Bergson. »Dennoch gibt es keinen seelischen Zustand, so einfach er auch sei, der nicht jeden Augenblick wechselt, da es kein Bewußtsein ohne Gedächtnis gibt, keine

Fortsetzung eines Zustandes ohne die Addition der Erinnerung der vergangenen Momente zur gegenwärtigen Empfindung.«[39] Gerade weil im Erleben jedes neuen Moments eine ganze Vergangenheit mitschwingt, gleicht kein Augenblick jemals dem vorhergehenden. Es ist die Zeit, die Dichter und Musiker in ihrem Werk erklingen zu lassen versuchen, nicht die Zeit einer tickenden Uhr, sondern die eines ständigen Flusses. Wie Peter Handke in seinem *Gedicht an die Dauer* schreibt:

Und da konnte ich das Gefühl der Dauer umschreiben
als ein Ereignis des Aufhorchens,
ein Ereignis des Innewerdens,
ein Ereignis des Umfangenwerdens,
ein Ereignis des Eingeholtwerdens,
wovon? von einer zusätzlichen Sonne
von einem erfrischenden Wind,
von einem lautlosen, all die Misstöne zurechtstimmenden
und einigenden zarten Akkord.[40]

Dank dieses »zarten Akkords«, der alle Dissonanzen »zurechtstimmt und einigt«, verändert sich alles fortwährend, steigen wir nie zweimal in denselben Fluss und gleicht die innere Zeit dem *panta rhei* – »alles fließt« – von Heraklit. Jeder neue Moment geht aus allen vorhergehenden hervor und fügt dem Ganzen die spezifische Note der neuen Erfahrung oder Empfindung hinzu. Alles verändert sich und nichts kehrt in identischer Form wieder; jeder Anfang, jede neue Zeiterfahrung, aber auch jedes Ende ist daher einzigartig. »Nichts kommt zweimal vor«, schrieb Wislawa Szymborska in dem gleichnamigen Gedicht, und deshalb »sterben [wir] ohne Routine«[41], schließt die polnische Dichterin in ihrer so charakteristischen unterkühlten Art. Wer jedoch aufgrund dessen glaubt, »der Tod sei allmächtig«, und er müsse sein Leben in Angst vor dem Tod verbringen findet bei ihr wenig Gehör. Ihr zufolge liefern wir schließlich selbst den »lebendigen Beweis dagegen«[42], denn solange wir leben, hat der Tod keine Macht über uns. Es ist eine poetische Variante der Aussage von Epikur: »Denn solange wir existieren, ist der Tod nicht da, und wenn der Tod da ist, existieren wir nicht mehr«[43] – eine Sichtweise, die unsere Angst vor dem Tod vielleicht doch etwas abmildern könnte.

In ihrem Gedicht »Vom Tod ohne Übertreibung« beschwört auch Szymborska den »unsterblichen Augenblick« als die bedeutungsvollste, tröstlichste und vitalste Antwort auf den Tod:

Es gibt kein solches Leben,
das nicht wenigstens für einen Augenblick
unsterblich wäre.

Was ist das für ein mysteriöser Augenblick, in dem wir den Tod nicht länger als den Endpunkt einer chronologischen Linie sehen, sondern für kurze Zeit »unsterblich« werden? Seit der Antike wird er auch Kairos-Moment genannt. Kairos ist der »Gott des günstigen Augenblicks«, er wurde von griechischen Philosophen wie Platon nicht nur als das andere, sondern auch als das richtige und wahre Gesicht der Zeit betrachtet. Kairos ist die Zeit, die für Einsicht, Veränderung oder Umkehrung sorgen kann, indem sie ein Intervall oder Intermezzo in das monotone Zeitregime seines Großvaters Chronos einbringt. Während dieses Intermezzos erlebt der Mensch die Zeit nicht mehr als den notwendigen, unumkehrbaren und chronologischen »Lauf der Dinge«, sondern als einen »ewigen Augenblick«, der aus der Synthese von Vergangenheit und Zukunft entsteht.

Die Zeit rollt sich gewissermaßen auf, sie wird zirkulär statt linear; es ist die Zeit der Erinnerung schlechthin, aber auch des Neuen, des Novums, das der Zusammenstoß von Vergangenheit und Zukunft gebiert.

Kairos stand von der Antike an bis zu Erasmus, der ihm in seiner *Adagia* (1508) ein ganzes Kapitel gewidmet hat, für die »Zwischenzeit«, in der wir uns wiederfinden, wenn wir innehalten, zur Ruhe kommen, unsere Aufmerksamkeit fokussieren oder uns sehr intensiv auf etwas konzentrieren. Während Chronos die quantitative Zeit repräsentiert, die unser Leben in einen linearen Zusammenhang zwischen Geburt und Tod einspannt, verweist Kairos auf den qualitativen Moment, der eine Veränderung bewirken kann. In der Aufklärungszeit fand diese nicht messbare, aber erlebbare Dimension der Zeit immer weniger Beachtung. Seit Nietzsche dem Kairos Ende des 19. Jahrhunderts erneut eine Bühne bereitete, repräsentiert der »rechte Augenblick«, wie ich in meinem Essay *Kairos* darlege, für eine sehr diverse Gruppe von Philosophen, Schriftstellern und Künstlern, aber auch für einige Ökonomen und Politiker all jene schöpferischen Momente der Schönheit, Erkenntnis und Tatkraft, die das Leben so besonders machen.

Szymborska zufolge hat »der Augenblick (…) sein Sinnen auf das Glück gerichtet« und auch auf die »Wahrheit und die Ewigkeit. Da schaut her!«[44] Denn Kairos bricht in die chronologische Achse der Zeit ein, er knüpft Knoten in die lineare Zeit, wie Charles Taylor es in *Ein säkulares Zeitalter* formuliert, sodass die Instrumente des Chronos – die Sanduhr und die Sense – keinen Zugriff mehr auf uns haben. Innerhalb des Kairos-Intervalls werden wir für die Dauer eines »ewigen Augenblicks« von unserem Bewusstsein der Vergänglichkeit und damit von unserer Angst vor dem Tod befreit, wodurch unsere Melancholie durch die Hoffnung und die Chance auf das Neue, das Instrument, das Kairos in Händen hält, im Gleichgewicht gehalten wird. Während des Kairos-Intervalls können weder Chronos noch der Tod uns etwas anhaben, wie Szymborska schreibt:

Der Tod
kommt immer um diesen einen Augenblick zu spät.
Umsonst rüttelt er am Griff
der unsichtbaren Tür.

Der Moment, in dem der Tod immer »zu spät kommt«, kennt keine »hochgetürmten Abgründe« wie die zwischen Ich und Selbst, Leben und Tod, Universalem und Subjektivem oder Kindheit und Erwachsensein. Und dieser Moment kennt auch »nie Nächte in Flammen« und »Tage in Schwaden der Dunkelheit«[45], sondern wird uns trösten und mit Zuversicht erfüllen für alle Tage, die noch kommen.

Wir können die kairotische Zeit als ein wichtiges Gegengewicht zu der von Chronos geschürten Melancholie verstehen. Chronos wird immer mit einer Sense und einem Stundenglas dargestellt, denn er zählt unsere Stunden und bestimmt auch unser letztes Stündlein. Chronos ist unsere persönliche Deadline, mit einem klaren Anfangs- und Endpunkt. Er sorgt dafür, dass wir in Bewegung und aus dem Bett kommen und handeln. Kairos hingegen bricht in diese lineare Zeit ein, indem er uhrzeitlose Intervalle schafft. In diesen unkontrollierten Augenblicken vergessen wir nicht nur unsere Todesangst, auch unsere Melancholie wird darin von der Hoffnung auf das Neue begleitet, sodass sie nicht in eine krankhafte Niedergeschlagenheit umschlagen kann. Wir können diese »Augenblicke des Daseins«, wie Virginia Woolf sie nannte, nicht erzwingen, aber wir können uns ihnen öffnen, indem wir zur Ruhe kommen, unseren Fokus schärfen und bei allem verweilen, was ist, gewesen ist und noch kommt. Das sind die Momente, in denen Chronos verstummt und die »wahre Zeit« des Kairos zu sprechen beginnt, der mit seiner Waage in der Hand die Gegensätze zwischen Endlichem und Unendlichem, Zeitlichem und Ewigem, Ich und anderem Tod und Leben in eine neue harmonische Einheit bringt – wodurch nach Szymborska Folgendes eintritt:

Alles an seinem Platz und in manierlicher Ein-
tracht
[…]
So weit das Auge reicht, herrscht hier der Augen-
blick
Einer dieser irdischen Augenblicke,
die man zu verweilen bittet.[46]

5

MELANCHOLIE UND LÄUTERUNG

Und ich begann auch zu verstehen, dass das Leid und die Enttäuschungen und die Schwermut nicht da sind, um uns verdrossen und wertlos und würdelos zu machen, sondern um uns zu reifen und zu verklären.

– HERMANN HESSE

Aufmerksamkeit, Ruhe und das reifliche Erwägen von Argumenten und Umständen sind die wichtigsten Voraussetzungen, um kairotische Momente zu schaffen. Es erfordert sowohl ein gutes Timing als auch das Ergreifen oder Nutzen der richtigen Chance oder Gelegenheit, die sich dank Achtsamkeit und Konzentration offenbaren kann. Während des kairotischen Intervalls werden wir nicht mehr von vermeintlichem Zeitmangel gehetzt und auch nicht von irgendeiner anderen Form von Zeitdruck oder Stress, es öffnet sich vielmehr eine Zeitdimension, die mehr Ruhe und Besinnung bietet und uns auch neue Möglichkeiten vor Augen führt. Gerade Kunst, Literatur und Musik sind für den Menschen unverzichtbar, weil sie ihn gleichsam an die Hand nehmen und in die »Zwischenzeit« führen können. Das ist auch der Grund, warum Kunst eine läuternde Wirkung auf uns ausübt und uns hilft, unsere Melancholie in rechte Bahnen zu lenken.

Loutering (Läuterung) ist der Titel, den George Meertens einer Serie von neun Gemälden gab, die Ende 2016 bis Anfang 2017 in der Tilburger Kunstplattform PARK ausgestellt wurden. Geläutert werden bedeutet, von negativen Gefühlen, die unser Wohlbefinden, aber auch unser Wachstum und unsere Entwicklung behindern, gereinigt zu werden, sodass wir wieder in der Lage sind, uns selbst und die Welt mit einem frischen Blick zu betrachten. Es war Aristoteles, der in seiner *Poetik* als Erster den klassischen Tragödien diese reinigende Wirkung zuschrieb, die er *katharsis* nannte, ein Wort, das im Griechischen wörtlich Reinigung bedeutet. Während sein Lehrmeister Platon noch der Ansicht war, das Theater könne das Publikum unnötig verwirren, wies Aristoteles gerade auf die Läuterung der Seele hin, die das Publikum erfährt, wenn es intensiv mit den tragischen Entwicklungen der Figuren mitfühlt. Die verhängnisvollen Abenteuer des Helden rufen beim Publikum Angst und Mitleid hervor, wodurch ihm auch die Möglichkeit gegeben wird, diese Gefühle zu verarbeiten. Denn, so schreibt Aristoteles in seiner *Poetik*, »die Tragödie ist Nachahmung einer guten und in sich abgeschlossenen Handlung von bestimmter Größe, [...] die Jammer und Schaudern hervorruft und hierdurch eine Reinigung von derartigen Erregungszuständen bewirkt.«[47]

Später wurde für Katharsis auch der Begriff Sublimation oder Läuterung verwendet. Durch die Darstellung, Inszenierung oder den Ausdruck von Emotionen im Kunstwerk wird sich der Betrachter oder Leser nicht nur seiner eigenen emotionalen Verfasstheit bewusst, sondern vermag auch eine gewisse Distanz zu ihr einzunehmen; er kann eine bestimmte Beziehung oder Interpretation zu ihr suchen, die es ihm ermöglicht, nicht mehr von ihr behindert oder determiniert zu werden. Natürlich wirken nicht alle Kunstwerke auf jeden gleich kathartisch, worauf schon Aristoteles hingewiesen hat. Die Tragödie sollte einem überzeugenden Handlungsstrang folgen, aber auch nicht zu vorhersehbar sein. Die Geschichte musste eine unerwartete Handlung aufweisen und trotzdem glaubwürdig sein. Die läuternde Wirkung der ästhetischen Erfahrung hängt von vielen Faktoren ab, unter anderem von der Überzeugungskraft des Werkes sowie von seiner Originalität, Subtilität und Schönheit.

Wachten (Warten) ist der Titel eines der neun Gemälde aus Meertens' Serie *Loutering*. Es ist nicht nur das leichteste Gemälde der Serie, fast federleicht, sondern auch das »leerste«, im Sinne einer zurückgehaltenen und aufgeschobenen Bedeutungsgebung. Malen, genau wie Schreiben oder Komponieren, bedeutet nämlich zuallererst, den Mut zu haben zu warten. Zu warten, bis der Körper zur Ruhe gekommen ist, sich der Geist beruhigt hat und sich die Seele übermäßiger Sorgen und Aufregung entledigt. Wir müssen verstehen, dieses Warten auszuhalten, denn zunächst müssen wir uns von den üblichen und naheliegenden Erwartungen und Vorstellungen befreien. Wir müssen warten, um unserem Verstand die Chance zu geben, einmal rasch auszumisten und all die zu Klischees geronnenen Bilder und Aussagen wegzuräumen. So gesehen bedeutet Warten auch ein Leerwerden, als müsse das neue Werk erst einen leeren, noch in Schatten gehüllten Platz für sich finden, bevor es von dem neuen Lichteinfall, den es in sich trägt, profitieren kann.

So wie der Maler des Gemäldes *Wachten* erst zu warten lernen musste, so sollten sich auch diejenigen, die Kunst betrachten, in einiger Geduld üben. Wer zu schnell an ihr vorbeigehen will, wird ihre läuternde Wirkung nicht erleben können. Kunst verlangt Verzögerung und nicht unmittelbares Urteilen. Auch wir müssen also warten lernen, wir müssen unsere

Vorurteile vergessen lernen und dem Werk sowie dem, was wir nicht sofort benennen, sondern nur in seinen Konturen langsam aus dem Dämmerlicht erschließen können, die gebührende Aufmerksamkeit entgegenbringen. Roland Barthes nannte dies in *Die helle Kammer*, einem Buch, das er 1980 nach dem Tod seiner Mutter schrieb, um seine Gefühle der Trauer überwinden zu können, den »leuchtenden Schatten«[48] dessen, was abwesend ist. Es ist der Schatten dessen, was nicht gezählt, gemessen oder vergegenwärtigt werden kann. Nur wenn wir selbst als Leser oder Zuschauer imstande sind zu warten, können wir einen Schimmer dieses »leuchtenden Schattens« erhaschen, der uns die Anima, die Seele des Werkes, offenbart.

Warten ist ein erneutes Befragen all dessen, was ist oder erwartet werden kann. Die menschliche Fähigkeit, etwas befragen zu können, ist für den Philosophen Martin Heidegger gleichbedeutend mit unserer Fähigkeit zu warten und aus diesem Warten heraus das Neue denken zu können. »Fragen können heißt: warten können«[49], schrieb er in *Einführung in die Metaphysik* (1953). Und das fällt uns alles andere als leicht in einer Zeit, in der alles schnell und immer schneller gehen muss. Denn seit wir Arbeit in Zeiteinheiten messen, ist uns diese linear geordnete Zeit dicht auf den Fersen. Wir denken immer, zu wenig davon zu haben, oder leiden unter ihrem unablässig vorantreibenden Charakter. Die Zeit scheint zu einer ökonomischen Gesetzmäßigkeit geworden zu sein, die uns ständig zur Beschleunigung drängt, was nicht nur viel Stress verursacht, sondern auch zu einem beträchtlichen Hindernis dafür geworden ist, den Mut und die Bereitschaft zum Warten aufzubringen. Wir zählen und messen zwar unaufhörlich die Zeit, die wir noch oder nicht mehr zu haben meinen, vergessen dabei aber, dass wir selbst auch Zeit sind und unsere persönliche Zeiterfahrung von einer ganz anderen Ordnung ist als die universelle Uhrzeit. »Aber nicht die Zahl ist das Wesentliche, sondern die rechte Zeit, d.h. der rechte Augenblick und das rechte Ausdauern«, schrieb Heidegger.

Bergson spricht, wie schon erwähnt, von der »Zeit als Dauer«, die alle Zeit, die wir gewesen sind, in sich aufnimmt und daraus den neuen Augenblick entfaltet: »Die innere Dauer ist das fortlaufende Leben einer Erinnerung, welche die Vergangenheit in die Gegenwart fortsetzt.«[50] Diese Zeit wird nur dann erlebt, wenn der Mensch es wagt, zur Ruhe zu kommen, seine Aufmerksamkeit zu fokussieren, sich von seiner Intuition leiten zu lassen und eine Haltung der interesselosen Betrachtung einzunehmen. Genau diese Haltung ist notwendig für die läuternde Erfahrung der Kunst, die uns die innere Zeit als Dauer erleben lässt und zudem dafür sorgt, dass wir in diesem *momentum* uns selbst wiederfinden. »Die Augenblicke aber, wo wir so uns selbst wieder ergreifen, sind selten«, schrieb Bergson,

»und deshalb sind wir selten frei. Meistens leben wir uns selbst gegenüber äußerlich.«[51]

In *Briefe an einen jungen Dichter* (1904) spricht Rilke von »Augenblicken, da etwas Neues in uns eingetreten ist«,[52] Wir dürfen unsere Melancholie nicht zu übertönen versuchen, sonst brechen sie »wie Krankheiten, die oberflächlich und töricht behandelt werden«, wenig später wieder »um so furchtbarer aus«. Wir müssen einen Umgang mit ihr zu finden suchen und ihr unsere Achtsamkeit zuteilwerden lassen. »Je stiller, geduldiger und offener wir als Traurige sind, um so tiefer und um so unbeirrter geht das Neue in uns ein.« Denn das Wesen der Melancholie ist eine Sehnsucht nach Staunen und Veränderung, die aus der Stille und von einem vorübergehenden Rückzug aus der Welt vorbereitet wird. Melancholie ist ein »Ruhen in sich selbst«, ein Zustand der epikureischen Ataraxie wörtlich »frei sein von Unruhe«, also frei sein von Getöse, Sorgen, Verwirrung, Angst, Stress und äußeren Reizen. Sie ist ein Zustand der »Seelenruhe«, der nur aus einer Verbundenheit mit dem Inneren erreicht werden kann. Melancholie in ihrer »gesunden« Form ist also ein kontemplatives Innehalten, das der Erkundung neuer Möglichkeiten vorausgeht, wohingegen Depression gerade als ein durch Stress verursachter Zustand der »Unruhe« charakterisiert werden kann, der zu Lähmung und Lethargie führt.

Melancholie ist eine Atempause, in der der richtige Moment, eine neue Chance zu ergreifen, gewissermaßen vorbereitet wird. Zunächst herrscht Besinnung, Stille und Kontemplation, um daraufhin in die rechte Bewegung zu gelangen. *Silence Out Loud* war daher der passende Titel der Ausstellung, die Joost Zwagerman 2015 für das Museum Kranenburgh in Bergen zusammengestellt hat. Ein auffallender Titel, den wir mit »lauthalse Stille« übersetzen könnten und der gezielt zwei gegensätzliche Konzepte – Stille und Lautheit – zusammenbringen wollte, um eine neue Bedeutung zu schaffen. »Ohrenbetäubende Stille« könnte eine andere passende Übersetzung dieses Oxymorons sein. Diese Stilfigur leitet sich von den griechischen Wörtern *oxys* – »scharf« – und *moros* – »stumpf« – ab und wird in der Literatur und Philosophie für das verwendet, was Heidegger den beifügenden Gegensatz nannte, einen Gegensatz, der eine neue Perspektive oder Erkenntnis ausdrücken kann. In dieser Ausstellung ging es also nicht einfach um die Sehnsucht nach der Abwesenheit von Geräuschen und auch nicht nur um die Sehnsucht nach Stille, sondern um »die visuelle Vielgestaltigkeit des Unhörbaren«, wie es Zwagerman in *De stilte van het Licht* (Die Stille des Lichts) beschreibt. Er war fasziniert von Malern wie Roel Meertens und Erik Andriesse, die die »enorme Intensität der Stille« darstellen wollten, weil nur so ihre Bilder die gewünschte »Wirkung« in sich trügen.

Es ist ein bemerkenswertes Trachten, das wir eher bei Komponisten und Musikern vermuten würden, das sich aber als die ultimative Triebfeder dieser Maler erwies. »Ich möchte vollkommene Stille malen«, sagt Andriesse. Aber was meint er damit? Ist es möglich, Stille zu malen oder zu fotografieren? Meinen diese Künstler nicht eher, dass sie die Leere oder das Verklingen, also das Stillstellen der Bewegung oder der Zeit, darstellen wollen? Nein, es geht ihnen um mehr als das. »I want to raise the issue of silence«, lautet die schnörkellose Antwort des amerikanischen Malers Robert Ryman auf die Frage, was er mit seiner Kunst erreichen will. Sein Gemälde *Monitor* (1978) ist eine sanft leuchtende, hellgraue Leinwand, ätherisch und flüchtig, als ob es noch ins Jenseits eines letzten Tons, eines letzten Flüsterns zu reichen versuchte.

Woher rührt bei diesen zeitgenössischen Künstlern das Bedürfnis, Stille in Farbe, Fläche und Bild festzuhalten? Bringen sie damit eine Sehnsucht zum Ausdruck, den Lautstärkeregler der Welt von Zeit zu Zeit auf leise oder sogar ganz auf stumm zu stellen? »Silence is golden«, sangen The Tremeloes in den sechziger Jahren, »but my eyes still see.«[53] Der Refrain dieses Hits wäre als Motto für die Ausstellung im Museum Kranenburgh gar nicht so verkehrt gewesen. Denn obwohl fast alle ausgestellten Werke der Sehnsucht nach Stille entspringen, fügen sie ihr doch etwas ganz entschieden hinzu: nämlich das, »was unsere Augen noch immer sehen«. Kunst kann uns die Erfahrung der Stille wiederfinden lassen, aber das ist noch lange nicht alles. Denn die Stille, die Kunst bewirken kann, dieses Dämpfen von überflüssigem Rauschen, zaubert uns zugleich etwas vor Augen – ein Bild, eine Fotografie, eine Skulptur –, das unseren Blick festhalten will, uns provozieren oder verführen will, uns vor allem aber dazu einladen will, unseren Horizont zu erweitern. Die Stille, in die wir eingetaucht sind, scheint vor allem eine Voraussetzung dafür zu sein, mit neuen Augen schauen oder *out loud*, mit neuer Stimme, sprechen zu können. Stille an sich scheint nicht das endgültige Ziel der Kunst zu sein, sondern eher ihr Ausgangspunkt. Kunst bietet nicht allein Stille, sondern gewissermaßen eine Stille plus.

Plus was? Das ist die Frage, über die wir uns nun schon seit Jahrhunderten den Kopf zerbrechen. Was vermag die Kunst anderes als beispielsweise die Schönheit der Natur? Zwagerman nennt dieses andere in seiner Einführung zur Ausstellung den »privaten und sich frei zu entfaltenden Begriff des Erhabenen«. Die ästhetische Erfahrung ruft nicht nur Gefühle des Wohlgefallens hervor, sondern auch der Melancholie, des Zweifels, des Erstaunens und der Entfremdung. Denn die Bedeutung des Werkes ist nicht eindeutig oder evident, sodass es Zeit, Aufmerksamkeit und Geduld erfordert, zu einem Verständnis des Werkes zu gelangen. Kunst sucht einen bestimmten Bezug *zur* und ein Umgang *mit* der Wirklichkeit, die sie nicht einfachhin reproduziert, sondern interpretiert, akzentuiert oder nuanciert. Kunst setzt ein Intervall zwischen Sehen und Betrachten und regt so unsere eigene Vorstellungskraft an. Wir werden vor die Aufgabe gestellt, das, was wir sehen, hören oder lesen, zu ergründen und mit einer Interpretation zu versehen. Ein gelungenes Kunstwerk schafft ein Intervall zwischen Schauen und Verstehen, zwischen Entfremdung und Erkennen, kurzum: ein Moment des Zögerns, der uns in der Folge selbst zum Nachdenken bringt.

In diesem *in between*, wie es Hannah Arendt nennt, reproduziert das Denken nicht mehr die etablierten Meinungen, hier kann gerade das Neue, also das noch nicht Gedachte, einen Anfang nehmen. Der Lauf der Dinge wird unterbrochen, um einen anderen Kurs oder eine andere Richtung einzuschlagen. Dieses Moment ermöglicht eine paradoxe Zeiterfahrung, die im Laufe der Jahrhunderte auch als *festina lente* bezeichnet wurde, als »Eile mit Weile«, worüber Erasmus von Rotterdam im Jahr 1500 in seinen *Adagia* schreibt und die als der maßgebliche Impuls für Veränderungen galt. Es handelt sich hierbei nicht um eine Zeit, die von außen diktiert wird, wie die Uhrzeit, sondern um jene Zeit, die von innen her intuitiv erspürt wird und all das, was dort an Innerlichem, an Erinnerungen, an persönlicher Geschichte verborgen schlummert, an die Oberfläche bringt.

Die Kunst schafft aus der Stille oder dem Verstummen den Impuls, aus dem wir »uns selbst wiederfinden«. Sie lädt uns ein, die innere Landschaft wieder einmal zu erkunden und die durch unsere vollen Terminkalender und unsere zwitschernden Smartphones entstandene Selbstentfremdung in ein neues Gefühl der Verbundenheit zu verwandeln. Aus diesem Verbundenheitsgefühl können wir nicht nur neue Einsichten über uns selbst gewinnen, sondern auf »seelischer Ebene« auch eine Verwandtschaft zu anderen wahrnehmen. Auf diese »Stille plus«, die uns die Kunst zu gewähren vermag und auf die wir in diesen so lauten und rastlosen Zeiten bedacht sein sollten. Denn wir sehnen uns nicht nur nach einer Handvoll Stille, wie es Rothko ausdrückte, sondern auch nach Momenten der Besinnung, der Hoffnung und neuen Formen der Verbundenheit.

Kunst kann eine läuternde Wirkung haben, weil sie uns in eine andere Zeiterfahrung hineinmanövriert, aus der wir unsere Melancholie und Todesangst bannen können, sodass wir nicht in Lähmung verfallen, sondern in Bewegung kommen und etwas Neues beginnen. Der englische Psychiater und Philosoph Darian Leader schreibt in *The New Black*, dass neben Psychotherapie auch Poesie, Musik und andere Formen der Kunst von großer Bedeutung sind, um einen Weg aus der Depression zu finden. Die Aufmerksamkeit für »die Art, wie andere aus einer Leere etwas geschaffen haben, kann nicht nur ein Ansporn sein, selbst den kreativen Pfad zu beschreiten«, schreibt Leader, »sondern kann uns auch Zugang zu unserem eigenen Kummer geben und uns dazu befähigen, mit der Trauerarbeit zu beginnen.«[54] Wir müssen »einen Gefährten in den Mysterien des Kummers suchen«[55], und genau an diesem Punkt ist die Kunst »wesentlich für die menschliche Gesellschaft«. Kunst ist unentbehrlich, um immer wieder aufs Neue das Gleichgewicht zwischen dem, was Hannah Arendt Natalität nennt, und der Mortalität herzustellen, zwischen der Hoffnung auf einen Neuanfang und der Melancholie über den Verlust.

Die Melancholie, die den erwachsenen Menschen, der seine Kindheit hinter sich gelassen hat, begleitet, bedarf sowohl der Liebe als auch der Kunst und der Kreativität, um »gesund« zu bleiben und nicht der schwarzen Seite des Verlustes zu verfallen, die in eine pathologische Depression hineinführen kann. Es lässt sich fragen, inwieweit diese Einsicht in der heutigen psychischen Gesundheitsfürsorge Berücksichtigung findet. Dass außer Ruhe und Achtsamkeit auch Kunst und Kreativität eine läuternde Wirkung haben können, ist eine Botschaft, die sich derzeit schwer vermitteln lässt. Gleichwohl gibt es dafür eine Vielzahl von Hinweisen. In dem amerikanischen Dokumentarfilm *Die Musik meines Lebens – Alive Inside* wird beispielsweise die heilende Wirkung von Musik in einem Music & Memory Project untersucht. Die Resultate sind überraschend und auch bewegend. Sobald die an schwerer Demenz leidenden Patienten ihre Lieblingsmusik aus ihrer Kindheit zu hören bekamen, erwachten sie wieder zum Leben oder, besser gesagt, kam das Leben, das sie in sich trugen, wieder zum Vorschein. Die Musik weckte nicht nur ihre Lebensgeister und machte sie nicht nur fröhlicher, sie nahmen auch ihre Umgebung bewusster wahr. Allerdings berichteten die beteiligten Wissenschaftler, dass sie trotz der geringen Kosten und der guten Resultate ihres Projekts große Mühe hatten, die Initiative auch in anderen Einrichtungen einzuführen; man wollte die Patienten lieber medikamentös ruhigstellen.

Die Stellung der Kunst in der heutigen Gesellschaft sollte nicht nur innerhalb des Gesundheitswesens, sondern auch in einem wesentlich größeren Kontext überdacht werden. Kunstinstitutionen werden seit Jahren dazu gedrängt, sich zu kommerzialisieren oder »niedrigschwellig« zu werden; die Frage ist, wie niedrigschwellig sie eigentlich noch werden sollen, wenn Kunst in den Schulen kaum noch gelehrt wird und die politischen Verantwortlichen deren Bedeutung nicht mehr verteidigen. Man schaue sich nur einmal an, welche Auswirkung die Aussage des früheren Kulturstaatssekretärs Halbe Zijlstra hatte, er könne den Kunstetat so gut kürzen, weil er von Kunst nichts verstehe. Die Zahl der Menschen, die Museen besuchen oder Bücher lesen, wird sich nie steigern, wenn sie die Bedeutung und den Wert der Kultur nicht kennengelernt haben.

Die Politik der letzten Regierungen zeugt eher von einer gleichgültigen oder geringschätzenden Haltung gegenüber den Künsten. Viele Institutionen haben ihre Subventionen eingebüßt, der Etat für Museumsführungen für Kinder wurde gekürzt, ein Drittel der Bibliotheken wurde geschlossen, Musikschulen und Musikunterricht wurden stark reduziert, und die literarische Bildung, um ein letztes Beispiel zu nennen, wurde in den letzten Jahrzehnten mehr oder weniger dezimiert, wenn man meinem ehemaligen Niederländischlehrer glauben darf. Offenbar herrscht in der Politik die Meinung vor, dass Kunst unbedeutend sei, Musik, Tanz, Theater und Literatur nicht wichtig seien und bestenfalls eine Form der Unterhaltung, ein Zeitvertreib oder ein »Hobby der Linken« darstellten – wobei Kunst doch sowohl für die Menschen als auch für die Gesellschaft von lebenswichtiger Bedeutung sind. Man würde sich wünschen, dass die politischen Verantwortlichen dem Aufruf Joseph Brodsky folgten, der 1993 in einem offenen Brief in der *New York Review of Books* dem Präsidenten Vaclav Hável riet, allen tschechischen Bürgern ein Buch von Camus, Faulkner oder Platonow zukommen zu lassen, »da das positive Potenzial des

Menschen am besten durch Kunst zum Ausdruck kommt«.

Kunst bereichert nicht nur unser Selbst- und Weltbild und »heilt [damit] den Zustand unseres Herzens«[56], wie Brodsky schreibt, sie geleitet uns auch in das läuternde Kairos-Intervall, in dem wir zur Ruhe und Besinnung kommen und unsere eigene Fantasie angeregt werden kann. Darüber hinaus kann uns die Kunst, wie wir im Folgenden sehen werden, helfen, uns unserer Ängste, ob real oder irreal, zu erwehren.

6

MELANCHOLIE UND ANGST

Meine Schwermut ist die treueste Geliebte,
die ich kennen gelernt!
Was Wunder, dass ich sie wieder liebe?

– SØREN KIERKEGAARD

Liebe, im weitesten Sinne des Wortes, und die ästhetische Erfahrung von Musik, Kunst oder Literatur sind läuternd, weil sie uns nicht nur zeitweilig, für die Dauer eines »ewigen Augenblicks«, von dem einseitigen und stark ökonomisierten Regime des Chronos befreien, sondern uns auch dazu inspirieren, die Entfremdung, die wir uns selbst und anderen gegenüber empfinden mögen, in eine neue Verbundenheit zu verwandeln. Liebe und Kunst helfen uns nicht nur, unsere Melancholie in gute Bahnen zu lenken, sondern ermöglichen es uns auch, die »Ganzheit der Gegensätze«, wie es Pythagoras ausdrückte, wieder ins

Gleichgewicht zu bringen. Zu den zwölf Gegensatzpaaren, die ins Gleichgewicht zu bringen sind, zählt er unter anderem Geist und Körper, Leben und Tod, Gut und Böse. Nur durch die Suche nach einem solchen Gleichgewicht können wir lernen, mit Angst und Verlust und der damit verbundenen Melancholie besser umzugehen.

Wie läuternd sie auch sein mögen, Liebe und Kunst allein reichen nicht aus, um unserer Angst vor dem Tod mit einem Glauben an die Zukunft Paroli zu bieten. Wir brauchen auch soziale Kontakte, uns verbindende Erzählungen und gemeinsame Ideale, um unsere Melancholie im Zaum zu halten und nicht in der Trauer zu verharren. Andernfalls werden sich immer mehr Menschen an ihren Ängsten festklammern, sich nach früheren Zeiten zurücksehnen, keine Veränderungen mehr verkraften und im schlimmsten Fall einen Sündenbock suchen, den sie für ihre Gefühle der Trauer verantwortlich machen. Dann läuft die Gesellschaft selbst Gefahr, depressiv zu werden. Die wirtschaftliche Rezession ist nicht die einzige Form der »Depression«, die eine Gesellschaft bedroht, wie oft suggeriert wird; eine moralische Depression kann ebenso zerrüttend wirken.

Obwohl die Menschen der westlichen Welt noch nie zuvor in einem derartigen Wohlstand lebten, herrscht eine zunehmende Unruhe und Unzufriedenheit, die vor allem durch Angst getrieben zu sein scheinen / die vor allem auf Angst zu beruhen scheinen.

Das wachsende Unbehagen in der Kultur äußert sich nicht in »selbstreflektierender Melancholie«, wie Karin Johannisson in *Melankoliska rum* (Die Räume der Melancholie) feststellt, sondern in »vager Unruhe und diffuser Unzufriedenheit«. Je reicher wir werden, desto mehr Angst scheinen wir davor zu haben, unseren Wohlstand zu verlieren. Historikern zufolge werden wir von »hohem Leistungsdruck und hohen Erwartungen« angetrieben, diesen Wohlstand noch weiter zu steigern. Wir sind zu »Hyperkonsumenten« geworden, deren Bedürfnisse vom Markt fortwährend angeheizt werden. Wir erkennen das Prinzip der Lust als einziges Daseinsmotiv an, meint Bas Heijne in seinem Essay *Onbehagen* (Unbehagen). Unsere Bedürfnisbefriedigung führt allerdings selten zu Ruhe oder Zufriedenheit, viel häufiger hat sie Verlustangst und Unsicherheit zur Folge.

Die Angst vor zukünftigen Verlusten wird unter anderem von wachsenden wirtschaftlichen Unsicherheiten und der Bedrohung durch die Klimakrise, Migration und Terroranschläge ausgelöst, aber auch von einem viel unbestimmteren Gefühl, das mit Entfremdung, Entwurzelung und einer allgemeinen *Fatigue* einhergeht. Die kapitalistische Gesellschaft, in der das Individuum für seinen Wohlstand und sein Glück selbst verantwortlich ist, fördert diese Unzufriedenheit, garantiert diese doch den besten Absatzmarkt. Andere Werte, die für Engagement, Solidarität oder Gemeinsinn sorgen könnten, verfallen, weil sie für den Markt irrelevant sind. Die »ständige Jagd nach Wohlstand und Erfolg führt zu einer Erschöpfung des Ich«, schreibt Johannisson. Die Folge ist eine tiefe Müdigkeit, die zunehmend in Angst und Depression übergeht. Es ist eine emotionale und moralische Leere eingetreten und eine Einsamkeit und Entfremdung vom Selbst und der Gesellschaft, in der »das Individuum auf sich selbst gestellt ist und keine Erfahrungen mehr mit anderen teilen kann, entstanden«. Diese Einsamkeit und Entfremdung werden nur unzureichend durch die Hoffnung und den Glauben an eine bessere gemeinsame Zukunft kompensiert.

In den letzten Jahrzehnten wurde mit einiger Regelmäßigkeit, und vielleicht auch mit einem gewissen zynischen Eifer, das Ende der Geschichte verkündet oder auch das Ende der Kunst, der Ideale, des Planeten Erde – ja, sogar das Ende der Menschheit. Das war für die Bewältigung unserer Angst und Melancholie sicherlich nicht sehr förderlich. Wir begannen allmählich, an solche Enden zu glauben; zumindest begannen wir, immer stärker an der Möglichkeit eines Neuanfangs zu zweifeln. Die Menschen haben Angst, den Anschluss an die Zukunft zu verlieren, und diese Angst wird von einigen politischen Parteien in Europa ausgenutzt. Angst untergräbt jedoch die

Widerstandsfähigkeit der Menschen und macht sie verletzlich. Sie lähmt die Fähigkeit zu Kreativität und Solidarität, zu Initiative und politischem Handeln. Angst isoliert, macht Menschen ohnmächtig und fördert depressive Gefühle.

Angst zu säen ist daher ein riskantes Unterfangen, aber auch ein wirksames politisches Mittel, um Menschen zu manipulieren und Gehorsam zu erzwingen. Ende 2016 sprach die rumänische Schriftstellerin und Nobelpreisträgerin Herta Müller in Brüssel auf einem Kongress über Angst und Fremdenfeindlichkeit mit dem Titel »European Angst«. Sie verglich die Angstmacherei der Diktaturen im ehemaligen Ostblock mit den »dämonischen Szenarien«, die rechtspopulistische Parteien in Ost- und Westeuropa heute wieder bedienen: »Jede Diktatur besteht aus denen, die Angst machen, und den anderen, die Angst haben.« Ihre gesamte Kindheit und ein Teil ihres Erwachsenenlebens habe im Zeichen solcher Angst gestanden; Herta Müller ist gewissermaßen eine Erfahrungsexpertin, die die Symptome gut zu benennen weiß. Der rumänische Staat war damals »ein Angstgebäude«. »Es gab Angstmacher, Angstbeißer und Angstträger.« Die meisten Menschen gehörten zu der letzten Gruppe. Sie hatten gelernt, ihre eigene Angst zu verwalten, aber auch von der Angst der anderen zu profitieren. Sie waren »egoistisch, rücksichtslos und machten aus dem Elend mal ahnungslos, mal schamlos das Beste«. Das Verwalten der Angst verhinderte jede Form des kritischen Denkens; es war eine Form des »vorauseilenden Gehorsams«. Neben dem Schüren der Angst, der Indoktrination und der Aufstachelung zum Verrat wollte der Staat jede Form von Schönheit, Pluralität und Individualität austreiben, eine bekannte Strategie totalitärer Systeme, wie wir später noch bei Hannah Arendt sehen werden. Müller kommt zu dem Schluss: »die größte Gemeinsamkeit in Osteuropa war früher diese doppelte Angst. Heute ist es die Fremdenfeindlichkeit«[57]; Angst und Hass sind zwei Seiten derselben Medaille. Mit politischen Führern wie Orbán in Ungarn und Kaczynski in Polen nimmt die Fremdenfeindlichkeit immer unverhohlenere und extremere Formen an. Aber auch außerhalb der ehemaligen Ostblockländer ist das Schüren von Angst und Hass als politische Strategie zurückgekehrt, mit Leuten wie Marine Le Pen in Frankreich, Geert Wilders in den Niederlanden und Norbert Hofer in Österreich.

Angst ist, wie Melancholie, kein eindeutiger Gemüts- oder Gefühlszustand, wie schon Freud sagte. 1926 schrieb er in *Hemmung, Symptom und Angst:* »Es ist an der Zeit, sich zu besinnen. Wir suchen offenbar nach einer Einsicht, die uns das Wesen der Angst erschließt [...]. Aber das ist schwer zu haben, die Angst ist nicht einfach zu erfassen.«[58] Bis Mitte des 19. Jahrhunderts wurde Angst in der medizinischen

Literatur nicht als eigenständige Krankheit oder Störung behandelt, sondern bildete, insbesondere als Todesangst, ein wichtiges Symptom der Melancholie. Phobien wie Agoraphobie und Klaustrophobie wurden von Robert Burton schon in seinem Werk *Die Anatomie der Melancholie* als Symptome der Melancholie beschrieben. Erst von der ersten Hälfte des 20. Jahrhunderts an wurde die Angst, teilweise unter dem Einfluss der vielen traumatischen Erfahrungen, die Hunderttausende von Soldaten im Ersten Weltkrieg erlitten hatten, von anderen Formen der Psychopathologie abgegrenzt. Mittlerweile gehört Angst zu den wichtigsten Gegenständen psychiatrischer Forschung und wird, zumindest seit dem Ende des 19. Jahrhunderts, meistens mit Depression in Verbindung gebracht. Der ursprüngliche Zusammenhang zur klassischen Melancholie ist jedoch aus dem Blick geraten, wodurch die philosophische Reflexion über das Phänomen der Angst an Boden verloren hat.

Gegenwärtig werden Depressionen und Angststörungen hauptsächlich aus einer neurobiologischen Perspektive untersucht; entsprechend ist zum Beispiel der Einfluss der Psychoanalyse, der Philosophie und der Sozialwissenschaften innerhalb der psychiatrischen Forschung stark zurückgegangen. Dies schlägt sich in Behandlungsmethoden nieder, bei denen immer weniger Zeit für Gespräch, Reflexion und Bewusstwerdung aufgewendet wird; man verschreibt immer häufiger Medikamente oder verweist die Betroffenen an digitale Helpdesks beziehungsweise Beratungsdienste. In *The New Black* schreibt der britische Psychoanalytiker Darian Leader dazu: »In einer Zeit, in der immer weniger Wert auf das Reden gelegt wird und immer mehr auf eine Sichtweise, die den Menschen auf die Parameter der Biologie reduziert, ist es gerade wichtig, weiterhin Gespräche zu führen, die im Gegensatz zur Einnahme einer Pille Zuhörer erfordert.«

Je stärker die Gesellschaft das menschliche Leben in rein neurobiologischen oder mechanistischen Begriffen fasst, desto wahrscheinlicher ist es nach Leaders Ansicht, dass Depressionen weiter um sich greifen. Medikamente könnten »oberflächliches Leiden lindern, sie haben aber keinen Einfluss auf die persönliche, unbewusste Wahrheit, die sich nur im Gespräch offenbaren kann«. Zu wenige Ärzte verstünden, dass Trauer, Melancholie und Angst die Grundlage der Depression bilden und gerade diese Gefühle für unser psychisches Wohlbefinden von hoher Bedeutung sind. Leader hält es für wichtig, diese Gefühle zu thematisieren und einen neuen Umgang mit ihnen zu finden.

Wenn wir Angst als ein wichtiges Symptom der Melancholie betrachten, müssen wir diese auch in einem allgemeineren menschlichen Sinn zu verstehen versuchen. Gerade die starke Zunahme von Depressionen erfordert eine breitere kulturphilosophische

Perspektive, die über eine rein medizinische Sichtweise hinausgeht. Die Weltgesundheitsorganisation hat prognostiziert, dass Depressionen in zehn Jahren eine der häufigsten Krankheiten sein werden, es ist also höchste Zeit, sich in einem umfassenderen Kontext mit ihnen zu beschäftigen. Natürlich bleiben für viele Fälle klinischer Depressionen oder schwerer Angstzustände Medikamente unverzichtbar. Mir geht es nicht darum, den medizinischen Ansatz zu ersetzen, sondern ihn auf Basis eines philosophischen Verständnisses von Melancholie und Depression zu bereichern und vertiefen.

Wie wir schon gesehen haben, trat gegen Ende des 19. Jahrhunderts Melancholie als Stimmung oder Gemütszustand in den Hintergrund; Angst und Depression traten an ihre Stelle. Um 1895 unterschied Freud erstmals zwischen einer neurotischen Angst, die auf eine »innere« Gefahr verweist, und der Angst vor einer »äußeren« Gefahr. Insbesondere die Angst als Reaktion auf eine innere Gefahr statt auf eine konkrete, von außen drohende Gefahr sehe ich mit der pathologischen Form der Melancholie verwandt, die wir heute »Depression« nennen. Sie steht mit einem allgemeinen Gefühl von Untergang und Verlust in Zusammenhang, das so beherrschend ist, dass es auf die Person selbst bezogen wird. Der depressive Melancholiker hat gewissermaßen nicht so sehr etwas oder jemanden, sondern vor allem sich selbst verloren. Er hat sich von sich selbst entfremdet und ist daher nicht mehr dazu imstande, die dialogische Beziehung zwischen dem bewussten Ich und dem unbewussten Selbst im Fluss zu halten. Weil er diese beiden Stimmen nicht mehr zueinander in Beziehung setzen kann, wird der innere Dialog, der ja gerade die Conditio humana schlechthin ausmacht, abgebrochen. Dadurch kann er sich nicht mehr von dem Verlust lösen und auch nicht mehr verändern; er fühlt sich machtlos und gelähmt. Der depressive Melancholiker leidet tiefgreifend unter Todesangst, er ist für alles empfänglich, was diese Angst nährt. Diese Form der Melancholie kennt keinerlei *happiness to be sad*, noch kennt sie irgendeine Form der Freude oder Läuterung, die aus der Trauer hervorgehen kann. Im Gegenteil, sie bringt die Möglichkeit, irgendwann noch beseelt oder inspiriert zu werden, langsam zum Erlöschen. Der Depressive wälzt sich permanent in negativen Gefühlen von Schmerz, Verlust und Angst. »Depression bedeutet leben mit einer verschlossenen Zukunft«, schrieb der Dichter und Psychiater Rutger Kopland. »Genau darin unterscheidet sie sich von der Melancholie.«

Einige Zeit vor Freuds Analyse schrieb der dänische Philosoph und Erzvater des Existenzialismus, Søren Kierkegaard, sein einflussreiches Buch *Der Begriff der Angst* (1844). Kierkegaard weist darin auf einen Unterschied zwischen Furcht und Angst hin, der

Ähnlichkeiten mit Freuds analytischer Differenzierung aufweist, diese aber noch weiter ausführt, allerdings auf eine Art und Weise, der zugegebenermaßen mitunter nicht leicht zu folgen ist. Was ich aber daraus mitgenommen habe, ist Folgendes: Nach Kierkegaard bedeutet Furcht, sich vor etwas außerhalb seiner selbst zu fürchten, vor etwas, das einem mehr oder weniger naherückt, etwas, das benennbar und in diesem Sinne bestimmt ist. Angst hingegen ist unbestimmter Natur, sie ist nicht als isolierter Begriff zu verstehen, weil sie im tiefsten Sinne das in sich begreift, was den Menschen zum Menschen macht. Diese tiefe, innere und unbestimmte Angst macht den Menschen einerseits unfrei, schürt andererseits aber die Sehnsucht nach Freiheit, weil sie das sterbliche Leben als endlich entlarvt und daher über es hinausstreben will. Sie flößt uns das Verlangen nach Transgression ein, sei es in einem erotischen, künstlerischen Sinn oder, wie bei Kierkegaard selbst, primär in einem religiösen Sinn. So gesehen ist Kierkegaards Angst nicht so sehr eine Angst vor dem Tod, sie geht weit darüber hinaus: Sie ist eine Angst vor dem Nichts oder der Ewigkeit beziehungsweise dem, was jenseits der Sterblichkeit liegt. Gerade von diesem »Jenseits« aus offenbart sich die Möglichkeit und kündigt sich die Freiheit an; die Angst ist daher auch »der Schwindel der Freiheit«. Kierkegaards komplexes Konzept der Angst ist vielschichtig und lässt sich daher nur schwer in einer einzigen Definition fassen. Im Kontext dieses Buches ist vor allem von Bedeutung, dass Kierkegaard in dieser Angst, ebenso wie in Melancholie, ein wesentliches Element des Menschseins sieht.

Melancholie gilt als eines der Hauptthemen in Kierkegaards Werk, deshalb darf dieser Denker hier nicht fehlen. Aber es ist schwierig, in der Vielzahl seiner Texte eine klare Argumentationslinie auszumachen; es scheint so, als ob sich Kierkegaard ausgerechnet bei der Beschreibung der Melancholie immer wieder in ihr verfangen hätte. Sicher ist jedenfalls, dass Melancholie für ihn nicht nur ein medizinisches Problem war, das mit Kuren oder Medikamenten behoben werden konnte, sondern etwas, das den tieferen Sinn des Mensch-Seins freilegte. Kierkegaard litt regelmäßig selbst unter Anfällen von Schwermut; er bezeichnete Melancholie sogar als seine intimste Vertraute: »Meine Schwermut ist die treueste Geliebte, die ich kennen gelernt! Was Wunder, dass ich sie wieder liebe?«[59] Melancholie sah er als die treibende Kraft hinter seinem Werk, andererseits machte es sie aber auch für die Misserfolge in seinem Leben verantwortlich, zum Beispiel für die Trennung von seiner Verlobten Regine Olsen. Auch bei Kierkegaard bietet die Melancholie also einigen Anlass zu viel Doppeldeutigkeit, wie auch in seiner Unterscheidung zwischen einer pathologischen Form der Melancholie und »bewusster Verzweiflung« zutage tritt.

In *Entweder – Oder* schreibt er: »Du nimmst doch wohl kaum mit vielen Ärzten an, dass die Schwermut ihren Grund im Leiblichen habe. Wenn es wirklich so ist, warum können die Ärzte sie dann nicht heilen?« Kierkegaard zufolge kann die Schwermut nicht mit Medikamenten behoben werden, »nur der Geist kann sie heben«.[60] Die Schwermut verweist auf den gescheiterten Versuch, die Endlichkeit des Lebens und die Ewigkeit Gottes miteinander zu vereinen – also genau darauf, worauf seine eigene Philosophie abzielte. Die Menschen, so Kierkegaard, lebten in einem Zeitalter des moralischen Verfalls, der Gottlosigkeit und der religiösen Verkommenheit. Sie hatten »den wahren inneren Sinn des Glaubens aus den Augen verloren«, wie Karl Verstrynge es in seinem Aufsatz *Over de brug der zuchten de eeuwigheid in* (Über die Seufzerbrücke in die Ewigkeit) beschreibt.

Entsprechend schreibt Kierkegaard in *Entweder – Oder*: »Es kommt in einem menschlichen Leben ein Augenblick, wo die Unmittelbarkeit gewissermaßen gereift ist und der Geist eine höhere Form haben will, wo er sich selber als Geist erfassen will. Als unmittelbarer Geist hängt der Mensch mit dem ganzen irdischen Leben zusammen; nun aber will der Geist sich aus dieser Zerstreutheit sammeln und sich in sich selber erklären. […] Geschieht das nun nicht, wird die Bewegung aufgehalten oder zurückgedrängt, so tritt die Schwermut ein.«[61] Schwermut entstehe, wenn die

Ausrichtung des Individuums auf »die höhere Form«[62] gestört wird und die Entwicklung des Geistes stagniert. Durch den Glauben an eine höhere Möglichkeit sollen wir das Leben über kalte Notwendigkeit und Endlichkeit erheben, ohne hierbei die Bedeutung des Hier und Jetzt aus den Augen zu verlieren.

Auch Kierkegaard geht es also darum, das Gleichgewicht zwischen Notwendigkeit und Möglichkeit, Naturgesetz und Freiheit, Endlichkeit und Unendlichkeit, »Schwerkraft und Gnade«, wie Simone Weil schrieb, zu finden, ein Gleichgewicht, das wir zu erreichen versuchen müssen, indem wir mit dem Glauben und der Kraft des Denkens auf der »Seufzerbrücke« stehen, die diese Pole miteinander verbindet. Neben der persönlichen Verantwortung spielen hier aber auch Politik, Erziehung und Kultur eine wichtige Rolle; für diese eher politisch-sozialen Ursachen der ausufernden schwermütigen Melancholie hatte Kierkegaard aber noch wenig Sinn.

Die existenzielle Angst, die später auch bei Heidegger als zentrales Konzept in seinem Existenzialismus wiederkehrt, entspringt bei Kierkegaard aus der Spannung zwischen dem Endlichen und dem Unendlichen, zwischen Freiheit und Unfreiheit des Menschen. Melancholie kann in der Form bewusster Schwermut zu etwas Höherem führen, wenn die Angst ernst genommen und als Kraftquelle für den nächsten Schritt in unserem Leben gesehen wird. Wir müssen also der

Angst ins Auge blicken, sie notfalls zu besiegen lernen oder zumindest genug Mut aufbringen, ihr etwas entgegenzusetzen.

ANGST UND ATARAXIE

In seinem Buch *In die Sonne schauen* legt der Psychiater, Philosoph und Schriftsteller Irvin D. Yalom dar, dass die Angst vor dem Tod oder die Angst vor dem Nichts vielen depressiven Störungen, Neurosen und Phobien zugrunde liegen. Gleichwohl werde dieses Thema in der therapeutischen Praxis oft vermieden, weil die Therapeuten wenig oder keine Ausbildung in einer existenziellen Herangehensweise an Depressionen erhalten. Oder sie meinen, ähnlich wie Freud, Angst stehe namentlich für unterdrückte sexuelle Triebe, was Yalom für einen recht einseitigen Ansatz hält. Menschen unterdrücken viel mehr als nur ihre Sexualität, glaubt Yalom, unter anderem die Angst vor der Endlichkeit ihres Lebens.[63] Manchmal verhüllt sich die Angst in Symptomen, die scheinbar nichts mit der Sterblichkeit eines Menschen zu tun haben. Sie kann sich auch besonders lautstark zur Geltung bringen oder im Gegenteil gerade still und leise. Wie immer die Angst Gestalt annimmt, »jeder fürchtet den Tod auf seine eigene Weise«[64], sind wir doch nun einmal Wesen, die sich ihrer Endlichkeit bewusst sind.

Zusammen mit dem Verlust des unmittelbaren sinnlichen Eintauchens in die Welt unserer frühen Kindheit und der dabei empfundenen natürlichen Verbundenheit mit anderen bildet die Angst vor dem Tod das Herzstück unserer Melancholie. Bei vielen Menschen paart sich die Angst vor dem Tod mit der »Angst vor dem Verlassenwerden«[65], schreibt Yalom. Er betont, dass diese Angst über eine »Erfahrung des Aufgerütteltwerdens«[66] in eine Konfrontation mit unserer Wehmut und Sterblichkeit verwandelt werden kann, die das Leben bereichert. Eine solche Konfrontation kann uns die Augen für ein sinnvolleres Dasein öffnen, für eine aufrichtigere Kommunikation mit anderen und für ein bewussteres Erleben der Schönheit des Lebens. »Obwohl uns die Physikalität des Todes zerstört, rettet uns die Idee des Todes«[67], weil sie uns zu Reflexion, Kreativität und Solidarität anspornt. Yalom zitiert unter anderem aus Tolstois *Der Tod des Iwan Iljitsch*, in dem der Protagonist erst im Angesicht des nahenden Todes erkennt, dass er sich sein ganzes Leben lang mit seiner Besessenheit von Geld, Prestige und Erscheinungsbild vor dem Tode abgeschirmt hat. »Dann, infolge einer erstaunlichen Zwiesprache mit dem tiefsten Teil seines Selbst, erwacht er zu einem Augenblick der Klarheit und erkennt«, dass er, »indem er sich vor dem Tod abgeschirmt hat,

[…] sich ebenso vor dem Leben abgeschirmt«[68] hat. Dank dieser »Erfahrung der Aufgerütteltwerdens« entdeckt er das Mitgefühl für andere, er kann endlich mit ihnen eine Bindung eingehen und stirbt »nicht unter Schmerzen, sondern in der Freude intensiven Mitgefühls«.

Yalom widmet in seinem Buch auch ein Kapitel dem griechischen Philosophen Epikur, der oft für einen etwas leichtsinnigen Hedonisten gehalten wird, der die Hochgenüsse des Lebens auskosten wollte. In Wirklichkeit war er ein medizinischer Philosoph, der sich vornehmlich für die Linderung menschlichen Elends einsetzte, dessen Ursache er grundsätzlich in der Todesangst des Menschen verortete. Da der Mensch nichts tun könne, um die Todesangst zu bannen, solle er vor allem Erinnerungen an angenehme Erlebnisse in sich wachrufen; dadurch werde sich sein Bedürfnis, sinnlichen Genüssen nachzujagen, auflösen. Epikur sah in religiösem Wahn, Gier, oberflächlichem Amüsement und blindem Machthunger verhüllte Manifestationen unserer unbewussten Todesangst. Warum, so fragte sich Epikur, solle man sich so viele Gedanken über den Tod machen, wenn der Zustand des Nichtseins nach dem Tod derselbe ist wie vor unserer Geburt? Epikur versuchte, den Menschen dazu zu bewegen, sich mit dem Tod zu versöhnen, statt ihn mit Eitelkeit und dem Streben nach Macht, Vergnügen oder Reichtum in die Flucht zu schlagen. Sein ultimatives Ziel war Ataraxie, ein Zustand der Ruhe und Besinnung. Yalom berichtet, dass er Epikurs Ideen schon früh in die Therapie aufgenommen habe; wenngleich einige seiner Patienten sie als irrelevant erachteten, fänden die meisten sich doch als hilfreich. Die Reflexion über den Tod helfe seinen Patienten, »dem Tod ins Gesicht zu schauen«, was ihnen nicht nur ermögliche, ihre Angst vor dem Tod zu zügeln, sondern auch ihr Leben »ergreifender, kostbarer und dynamischer«[69] mache.

Yalom hält solche philosophischen Reflexionen über die Todesangst und die daraus resultierende Melancholie nicht nur für erforderlich, um uns mit unserem Tod zu versöhnen, sondern auch um die wachsende Zahl von Menschen mit Angststörungen und Depressionen besser verstehen und angemessener behandeln zu können. Darüber hinaus kann uns eine breitere gesellschaftliche und philosophische Reflexion des Problems in die Lage versetzen, andere, die bereits von Angst und Unsicherheit geplagt sind, vor einer pathologischen Entwicklung ihrer Melancholie zu bewahren.

Ein wichtiges Thema, über das wir nachdenken sollten, bleibt die von Henri Bergson und Hannah Arendt angesprochene Entfremdung des modernen Massenmenschen oder Konsumenten von sich selbst sowie seine Entfremdung von der Welt und anderen – verursacht von einer Reihe gesellschaftlicher und politischer Faktoren, etwa dem wachsenden Individualismus, dem Verlust gemeinschaftlicher Zusammenhänge, dem neoliberalen Konsumismus und der technologisierten Kultur. Wir werden auch unser Verhältnis zu modernen Kommunikationsmitteln und dem Internet überdenken müssen. Auf die eine oder andere Weise werden wir einen Weg finden müssen, wieder eine lebendige Beziehung zu uns selbst und zu anderen zu entwickeln, um dieses Selbst und die Gesellschaft nicht noch weiter aus dem Gleichgewicht geraten zu lassen.

7

MELANCHOLIE UND NATALITÄT

Jedes Ende im Lauf der Geschichte enthält notwendigerweise einen neuen Anfang; dieser Anfang ist das Versprechen, die einzige »Botschaft«, die das Ende jemals hervorbringen kann.

– HANNAH ARENDT

Melancholie ist eine Grundstimmung des Menschen, die aus dem Bewusstsein von Zeit, Vergänglichkeit und Verlust hervorgeht. Viele Philosophen, unter ihnen Boswell, Salomé und Nietzsche, halten diese Stimmung für ein wichtiges Kennzeichen der Conditio humana. Einige, wie der niederländische Philosoph Cornelis Verhoeven, bezeichnen sie sogar als »*das* Charakteristikum menschlicher Authentizität«. Melancholie entsteht im Übergang von der Kindheit zum Erwachsenenleben; wenn wir beginnen, uns unserer Sterblichkeit bewusst zu werden und als gesondertes und sprechendes »Ich« oder Individuum eine von den anderen separierte und der Welt gegenüberstehende Position einnehmen. In der Liebe und in der Kunst vollzieht sich eine transgressive Bewegung, mit der die Isolation des melancholischen »Ichs« durchbrochen wird. Dadurch wird nicht nur die Todesangst gebannt, es entsteht auch eine neue Verbundenheit sowohl mit dem Selbst als auch mit dem anderen. Wir werden gewissermaßen noch einmal in die Melancholie hineingeboren, wobei diese Melancholie die Sehnsucht nährt, die Distanz zwischen dem Selbst und dem anderen zu überbrücken.

»Melancholie zwingt den Menschen öfter auf die Knie als manch angenehmes Vergnügen«, schrieb David Hume, aber wir sollten den Mut haben, uns ihr zu stellen und mit ihr umzugehen, wenn sie sich nicht zu einer ernsten Störung entwickeln soll. Was wir brauchen, ist eine freie, offene und pluralistische kulturelle Gesellschaft, die dafür sorgt, dass Menschen nicht in ihrer Melancholie versinken, sondern Kraft und Kreativität aus ihr schöpfen, indem sie ihre Gefühle zum Ausdruck bringen und sie mit anderen teilen. Gerade dort, in dieser öffentlichen kulturellen Welt, können wir der Sehnsucht nach einem Neuanfang Gehör schenken, meinte die Philosophin Hannah Arendt.

»Unser kurzes Leben, das dem Tod entgegeneilt, könnte unweigerlich nur in Ruin und Zerstörung enden, wenn wir nicht die Fähigkeiten besäßen, den Weg zu unterbrechen und etwas Neues anzufangen«[70], schreibt Arendt in *The Human Condition* (1958) Es ist eine Fähigkeit, die im Handeln und Sprechen gespeichert ist, »wie um uns immer daran zu erinnern, dass Menschen zwar sterben müssen, aber deshalb noch nicht geboren werden, um zu sterben, sondern im Gegenteil, um etwas Neues anzufangen«[71]. Was den Menschen von anderen Lebewesen unterscheidet, ist nicht so sehr das Bewusstsein seiner Sterblichkeit allein, sondern auch und vor allem das, was Arendt »Gebürtlichkeit« oder »Natalität« nennt. Der große Wert, den sie der menschlichen Natalität in ihrem Werk beimisst, erklärt sich aus ihrem Versuch, unsere Melancholie in gute Bahnen zu lenken.

Dieses Bemühen ist notwendig, weil es innerhalb der westlichen Philosophie eine »Vorliebe für den Tod«[72] gibt, wie Arendt in ihren Kant-Vorlesungen *Das Urteilen* schreibt, die die Bedeutung des politischen, gemeinschaftlichen Lebens mit anderen in den Hintergrund drängt. Es ist wahr, dass viel mehr philosophische Texte über den Tod und das Ende als über die Geburt und den Anfang geschrieben worden sind. Diese »Vorliebe für den Tod« setzte laut Arendt bereits bei Platon ein, der das Denken als »eine Übung im Sterben«[73] bezeichnete. Er fand viele philosophische Nachfolger, zu denen auch Schopenhauer zählte. Dieses Denken über den Tod drängte andere Facetten des Lebens, wie Natalität, Pluralität und das Zusammenleben mit anderen, in den Hintergrund. Es führte auch zu einem individualistischen und melancholischen Subjekt, das so sehr mit sich selbst beschäftigt war, dass es das Interesse an anderen und der gemeinschaftlichen Welt verlor. Arendt fand im Aufklärungsphilosophen Kant einen unerwarteten Verbündeten. Kant sagt schließlich, dass die Besessenheit vom eigenen Tod zu einem »Menschen von melancholischer Gemütsverfassung« geführt habe, der »sich wenig darum bekümmert, was andere urteilen«.[74]

Der Melancholie stellt Arendt ihren Begriff der Natalität gegenüber. Am Ende ihres Buches *The Origins of Totalitarianism* schreibt sie, dass für sie diese Natalität, oder diese Fähigkeit zu beginnen, gleichbedeutend mit der menschlichen Freiheit ist: »Aber es bleibt auch die Wahrheit, dass jedes Ende im Lauf der Geschichte notwendigerweise einen neuen Anfang enthält; dieser Anfang ist das Versprechen, die einzige ›Botschaft‹, die das Ende jemals hervorbringen kann. Das Beginnen, bevor es ein historisches Ereignis wird, ist die höchste Fähigkeit des Menschen, politisch ist es identisch mit der menschlichen Freiheit.«[75] Die Leitprinzipien dieser Freiheit, die sich nur innerhalb der öffentlichen kulturellen Welt vollziehen kann, sind Natalität und Pluralität; gerade sie können verhindern, dass das zum Solipsismus neigende Subjekt in Melancholie, oder in Schlimmerem, versinkt.

Nach Ansicht von Karin Johannisson liegt Melancholie immer »im Grenzbereich zwischen Gesundheit und Krankheit«, sie kann unter dem Druck politischer und gesellschaftlicher Entwicklungen in die eine oder andere Richtung ausschlagen. Diese Entwicklungen sind mitbestimmend für die »Form«, die wir unserer Melancholie geben, und für das Risiko, dass sie sich zu einer ernsten Störung entwickelt. Die »gesunde Variante« bringt eine erhöhte Sensibilität hervor und hat einen »bittersüßen Unterton«; die kranke »depressive« Variante ist von Angst, Lethargie und einem Gefühl der Machlosigkeit gekennzeichnet.

Johannisson und Appignanesi führen die aktuelle Zunahme von Depressionen unter anderem auf gesellschaftliche Faktoren wie den Verlust sozialer Bindungen, das marktorientierte Denken, den steigenden Leistungsdruck und die Komplexität der modernen Welt zurück, die immer größer, anonymer und technokratischer wird. Sie betrachten Depressivität auch als einen unbewussten Widerstand gegen diese gesellschaftlichen Entwicklungen. Nun ist Gesellschaftskritik, die sich in Form der Melancholie ausdrückt, sicherlich kein neues Phänomen. In *Die Leiden des jungen Werther* beschreibt Goethe 1774 die Verzweiflung eines jungen Künstlers, dem sein Leben sinnlos erscheint und der von Gefühlen der Niedergeschlagenheit, Ohnmacht und Angst so sehr gequält wird, dass er beschließt, gemeinsam mit seiner Geliebten

Suizid zu begehen. Sein Leiden an der Welt, der sogenannte *Weltschmerz*, fand einen solchen Widerhall, dass nach der Veröffentlichung des Romans eine Welle von Depressionen und Selbsttötungen durch Europa schwappte. Hannah Arendt sieht unsere Melancholie gerade durch das Leiden an einem Weltverlust hervorgerufen, durch den wir unsere »höchste Fähigkeit zu beginnen« zu verlieren drohen.

»Das Wunder, das die Welt rettet«, schreibt Arendt in *The Human Condition*, »ist die Tatsache der Natalität, in der die Freiheit zu handeln ontologisch ihre Wurzeln findet.«[76] Erst als der Mensch in die Welt kam, zitiert sie Augustinus, sei auch dieses Prinzip des Anfangs in die Welt gekommen: »Initium ut esset homo creatus est«. Der Mensch wird nicht *einmal* geboren, sondern immer wieder aufs Neue, jedes Mal, wenn er eine neue Initiative ergreift oder von einer neuen Einsicht geleitet wird. Die erste Geburt des Menschen ist die physische Geburt; sie ereignet sich im Schoße der Familie. Das Kind wird schreiend und verletzlich innerhalb des geschützten privaten Bereichs geboren. Der Schrei wird symbolisch wieder aufgenommen, wenn wir weiter aufwachsen, wenn wir zu sprechen und »Ich« zu sagen beginnen. Mit dem Sprechen lernen wir uns allmählich von anderen zu unterscheiden. Wir werden sozusagen neu in die Welt hineingeboren, als sprechende und handelnde Wesen. Erst diese zweite Geburt lässt uns die Freiheit, aber auch die

Melancholie genießen; dazu hatten wir die Kindheit und den sicheren privaten Bereich verlassen müssen. Unser Sprechen und Handeln entfremdet uns von einer Heimat – Arendt charakterisiert das Denken daher auch als *heimatlos* –, aber es trägt andererseits das Versprechen eines Neuanfangs in sich. Von Wehmut getrieben, werden wir immer aufs Neue versuchen, die Worte, Bilder und Handlungen zu finden, die uns wieder mit anderen vereinen. Bei Arendt gehen Melancholie und die Sehnsucht nach einem Neuanfang Hand in Hand.

Der Unterschied zwischen der ersten und der zweiten Geburt ist also aufs Engste mit dem Unterschied zwischen dem privaten und dem öffentlichen Bereich verbunden. Im ersten Bereich, von Arendt in Anlehnung an Aristoteles auch *Oikos* (Heim) genannt, geht es vor allem um die Befriedigung der Lebensbedürfnisse und die Erhaltung der Art, also um das Leben entsprechend den Naturgesetzen. Innerhalb des öffentlichen Bereichs, der *Polis*, gelten hingegen andere Gesetze – rechtliche, kulturelle und politische –; hier herrscht mehr oder weniger Freiheit von diesen Naturgesetzen. Dort können die Menschen etwas Neues beginnen, das nicht von der Notwendigkeit der Befriedigung von Grundbedürfnissen bestimmt ist. In Wort und Tat lassen Menschen ihr Licht in der Welt leuchten, und so vollzieht sich die zweite Geburt: Sie zeigen, *wer* sie sind. Unsere erste, physische Geburt zeigt vor allem, in welches Nest wir hineingeboren wurden oder, wie es Arendt ausdrückt, *was* wir sind, beispielsweise unser Geschlecht, unsere Religion und unsere ethnische Herkunft, aber bei jeder zweiten Geburt – und diese wiederholt sich, bestenfalls zeit unseres Lebens – zeigen wir, *wer* wir sind. Dieses »Wer« kann als die sich ständig verändernde Interpretation unserer Identität verstanden werden, die sich aus der Summe der »Washeiten« und aus den Beziehungen, die wir mit anderen eingehen, besteht. Dieses Interpretieren wird sowohl von unserer persönlichen Entwicklung als auch von Veränderungen in der Welt beeinflusst. Wir setzen die Interpretation dessen, »wer« wir sind, immer mit leichten Abweichungen zu vorherigen Interpretationen in Szene, sodass wir uns nie als fertig oder vollendet betrachten. Wir bleiben Wesen, die in ständigem Werden begriffen sind, und im Zustand des Geborenwerdens – *in statu nascendi.*

Menschen sind, kurz gesagt, zweistimmige Wesen – Arendt nennt sie in der Nachfolge von Sokrates »zwei in einem«[77] –, die über sich selbst reflektieren und ihre Lebensumstände abwägen können. Die Ergebnisse dieses »inneren Dialogs« bringen sie gegenüber anderen in der Öffentlichkeit zum Ausdruck, wodurch dieser Dialog erweitert und umfassender wird. Menschen können ihre melancholischen Gefühle von Verlust und Einsamkeit anderen in einer Geschichte präsentieren, indem sie im öffentlichen

Raum zum Ausdruck bringen, *wer* sie sind. In dieser »Zweistimmigkeit« liegt die Möglichkeit des Neuen beschlossen, das heißt die menschliche Fähigkeit, sich zu verändern, einen neuen Weg einzuschlagen, einen neuen Kurs abzustecken oder zu einer neuen Einsicht zu gelangen. Hinter dem Satz »Uns ist ein Kind geboren« glimme, wie Arendt in *The Human Condition* schreibt, immer die Verheißung eines Neubeginns, eines Neubeginns, der im wahrsten Sinne des Wortes wundersam sei, weil das Kind allein schon durch seine Geburt die Hoffnung und die Möglichkeit der Veränderung und damit der zweiten Geburt in sich trage: »Nur in der vollen Erfahrung dieser Fähigkeit einen Anfang zu machen, liegen Glaube und Hoffnung.«[78]

Wenn wir zu dieser Erfahrung keinen Zugang mehr finden, weil wir keine Zeit haben oder uns keine Zeit nehmen, über uns und die Welt nachzudenken, verflüchtigen sich sowohl der Glaube als auch die Hoffnung auf einen Neuanfang. Auch wenn wir der öffentlichen Welt aus Misstrauen oder Angst den Rücken kehren, geht diese Fähigkeit des Menschen, etwas Neues zu beginnen, verloren. Wir könnten auch sagen, dass dann die »Zweistimmigkeit« des Menschen aus dem Blick gerät und nur die eine Stimme der »Washeit« übrig bleibt. Wir klammern uns an die Begrenzungen von Haus, Garten und Identität und sind nicht mehr an der Welt oder anderen interessiert. Statt ein »Wer« zu werden, hängen wir uns an eine oder mehrere Gegebenheiten, die unsere »Washeit« oder unsere Identität bestimmen: Herkunft, Rasse, Geschlecht oder Religion. Je lauter die Eigenart des »Was« verkündet oder verteidigt wird, desto geringer ist die Chance auf das Neue, auf Veränderung und Werden, und desto größer ist die pathologische Melancholie oder Depression. Hinzukommt: Je mehr sich Menschen als Vertreter einer bestimmten, festen Identität positionieren, desto weniger können sie sich mit anderen verbinden.

Dieser Gedanke erinnert an das, was der britisch-ghanaische Philosoph Kwame Anthony Appiah, der 2016 für seine Forschungen zu Identität und Ethnizität mit der Spinoza-Linse (einem renommierten niederländischen Ethikpreis) ausgezeichnet wurde, als »die Zuweisung von Labels«[79] bezeichnet. Appiah steht dem kritisch gegenüber, was er »Identitätsdenken« nennt, einem Denken, bei dem ein bestimmtes »Was« wie Rasse, Glaube oder Geschlecht als identitätsbestimmend angesehen wird. Dadurch werde das Gespräch über menschliche Unterschiede und Gemeinsamkeiten erheblich erschwert. In seiner Dankesrede legt Appiah dar, dass »Identitäten immer die Zuweisung von Labels beinhalten«, die »die Welt in diejenigen mit dem Etikett und diejenigen ohne ein solches einteilen«, was »schnell zu Uneinigkeit führen kann«. Obwohl das Identitätsdenken Solidarität, insbesondere innerhalb von Minderheitengruppen, bewirken kann, führt es auch zu »ethnischen und rassischen Konflikten auf jedem Kontinent« und zur »Verfolgung von Minderheiten in jeder Gesellschaft«. Daher plädiert Appiah für eine neue Form des Kosmopolitismus, bei dem das gemeinsame Menschsein betont und das Etikett »Mensch sein« über alle anderen gestellt wird.

Aus Arendts Perspektive kann ein solcher Kosmopolitismus nur gelingen, wenn er auf ein geteiltes Interesse an und eine kollektive Verantwortung für die gemeinsame politische und kulturelle Welt abzielt, wenn ihm eine Haltung zugrunde liegt, die sie *amor mundi* nennt. Nur innerhalb der Polis können wir »Weltbürger« werden, nicht in unserem geschotteten privaten Bereich. Eine demokratische Gesellschaft sollte diese amor mundi durch eine gute Bildung und eine blühende politische und künstlerische Kultur fördern und jedem die Chance geben, »Mensch« und damit »gebürtlich« und weltoffen zu sein. Geschieht dies nicht oder zu wenig, können Menschen in Gefühlen von Ohnmacht und in sich gekehrter Melancholie versinken oder von nostalgischen Sehnsüchten nach der Vergangenheit überwältigt werden. Sie werden nicht zu einem »Wer« und klammern sich so stark an ihrer Identität fest, dass sie andere auszuschließen oder sie als Bedrohung wahrzunehmen beginnen.

Heute scheinen sich immer mehr Menschen in ihre Privatsphäre zurückzuziehen, sich für ihre eigene

»Label«-Gruppe im Internet zu entscheiden und sich aus Ohnmacht oder Misstrauen von der politisch-kulturellen Welt abzuwenden. Melancholie, die sich nur an die »Washeit« klammert, wird nicht nur zu einer Polarisierung und Verarmung der Debatte innerhalb der gemeinschaftlichen Welt führen, sondern auch das Wachstum und die Entwicklung der Menschen selbst behindern. Es ist daher auch Aufgabe der Politik, unsere Melancholie in ein Engagement für die Welt umzuwandeln, wo sie nicht nur mit anderen geteilt, sondern auch in eine kreative Kraft übertragen werden kann, die einen neuen Anfang und neue Verbundenheit ermöglicht.

Mensch zu werden bedeutet den Übergang vom physischen Leben innerhalb der Privatsphäre zum politischen und kulturellen Leben der öffentlichen Welt zu vollziehen. Wenn uns dieser Übergang nicht gelingt, besagt das Arendts Ansicht nach eigentlich, dass wir nicht Mensch werden können, sondern in einem tierischen Seinszustand verharren. Kunst, Politik, Kultur, Bildung, Wissenschaft und Philosophie sind die wichtigsten Säulen der öffentlichen Welt. Ohne den Fortbestand dieser gemeinschaftlichen Welt reduziert sich das Leben auf eine Form des physischen Überlebens; der Mensch läuft Gefahr, auf seine erste, physische Geburt reduziert zu werden. Umherstreifend durch das, was Arendt abschätzig »das Gesellschaftliche« nennt, in dem das Private und die öffentliche Welt zu einem grauen *waste land* verschmolzen sind, in dem nicht mehr zwischen dem physischen, den Naturgesetzen unterworfenen Leben einerseits und der Freiheit des Denkens, Gestaltens und Handelns andererseits unterschieden werden kann, entfremdet sich der Mensch nicht nur von den anderen, sondern auch von sich selbst als einem ständig im Werden begriffenen »Wer«.

Diesen Heimatverlust machen sich populistische und faschistische Parteien nur allzu gern zunutze. Meistens tischen sie eine Alternative auf, die eine bestimmte »Washeit« der Rasse, des Geschlechts oder der Religion zur Norm erhebt und denjenigen, die meinen, alles verloren zu haben, ein illusorisches Dach über dem Kopf bietet. Der Welt mit Aufmerksamkeit, Sorgfalt und solidarischem Verantwortungsbewusstsein zu begegnen und dafür Sorge zu tragen, dass sie dem Einfluss des Marktes, der Wirtschaft und der Eigeninteressen entzogen bleibt, ist die einzige Garantie für eine demokratische Gesellschaft. Dafür ist erforderlich, was Arendt *representative thinking* nennt, die Fähigkeit, sich die Standpunkte anderer vorzustellen oder sich in sie hineinzuversetzen – was etwas ganz anderes ist, als sie von vornherein zurückzuweisen, wie wir das heute so oft erleben.

Denken ist, im Gegensatz zu Wissen bzw. Erkennen, immer Denken mit einer »erweiterten Denkungsart«[80], ein Begriff, den Arendt von Kant entlehnt. In *Between Past and Future (Zwischen Vergangenheit und Zukunft)* heißt es: »Je mehr verschiedene Standpunkte von anderen Menschen ich in meinem Kopf habe, während ich über ein bestimmtes Thema nachdenke, und je besser ich mir vorstellen kann, wie ich fühlen und denken würde, wenn ich an ihrer Stelle wäre, desto stärker wird meine Fähigkeit zu erweitertem Denken und desto gültiger werden meine endgültigen Schlussfolgerungen, meine Meinung sein.«[81] Dieses Denken mit einer erweiterten Denkungsart ist notwendig, weil die Welt zuallererst eine Welt ist, die man mit anderen teilt und die sich auch durch die vergangenen und gegenwärtigen Erzählungen anderer bildet.

Innerhalb des öffentlichen Bereichs der Polis ist jeder jedes Mal wieder ein Neuankömmling, der seine eigene Interpretation, Einsicht oder Erzählung mit anderen teilt. All diese Erzählungen bilden zusammen die gemeinsame Welt, die den Menschen die Hoffnung und die Möglichkeiten gibt, etwas aus ihrem Leben zu machen und ihm einen Sinn jenseits der reproduktiven Selbsterhaltung in der Privatsphäre zu geben.

Aristoteles nannte das *Eudaimonia*, die Lebenskunst, die nach der Entwicklung von Talenten und Tugenden strebt, aber auch nach einem sinnvollen und würdevollen Leben, das die richtige Balance zwischen Handeln und Kontemplation findet. Der

Begriff Eudaimonia leitet sich von der griechischen Vorsilbe *eu* ab, die »gut« bedeutet, und dem *daimon*, was mit »Seele« oder »Selbst« übersetzt werden kann. Eudaimonia ist nicht durch ein Streben nach Reichtum, Wohlstand oder kurzfristiger Befriedigung der Lüste gekennzeichnet, sondern durch das beharrliche Bemühen, ein besserer Mensch zu werden und ein beseeltes Leben zu führen, das das Gute für sich und andere anstrebt.

Arendt bedient sich dieses Konzepts und verbindet es mit ihrer Unterscheidung zwischen »was« und »wer«. In *The Human Condition* setzt sie das »Wer«, das in unserem Sprechen und Handeln in der Welt sichtbar wird, mit dem *»Daimon der Griechen«* gleich, »der den Menschen zwar sein ganzes Leben lang begleitet«, der aber »nur denen sichtbar wird, denen der Betreffende begegnet, niemals ihm selbst«[82]. Man kann den Daimon nicht benennen oder beschreiben, aber er klingt in allem an, was man sagt oder tut. Eudaimonia hat nichts mit »Wohlergehen« oder einem »Gesegnetsein« zu tun, sondern ist eine »bleibende Befindlichkeit«, die »das Wesen dessen, *wer* einer ist« offenbart. Wer ich bin, mein Daimon, manifestiert sich für andere in jeder Initiative, die ich in der Welt ergreife. Die anderen sind also für den Menschen notwendig, um immer wieder von Neuem zu werden, wer er ist. Aber auch der innere Dialog des Menschen mit sich selbst ist eine Bedingung, um zur Eudaimonia zu gelangen; es ist ein ständiges Hinterfragen, wer man ist und wer man sein will, und ein Untersuchen, ob die eigenen Handlungen gut oder schlecht sind. Dank des inneren Dialogs zwischen dem Ich und dem Selbst, oder dem Ich und dem Daimon, können wir zu neuen Einsichten gelangen, ist Wachstum und Entwicklung möglich. Auf die Frage »Wer bist du?« lautet die beste Antwort immer noch: »Erlauben Sie mir, Ihnen eine Geschichte zu erzählen.«[83] Nur einen Pass hochzuhalten genügt dafür nicht, denn damit beantworten wir nur die Frage »*Was* bist du?«. Die Antwort auf die Frage »*Wer* bist du?« hat viel mehr mit unserer persönlichen Geschichte, unseren Erfahrungen und Grundüberzeugungen zu tun. Wer wir sind oder sein wollen, offenbart sich in den Geschichten, die wir über uns selbst erzählen mögen, aber auch in unseren Handlungen und Beziehungen zu anderen Menschen. All diese unterschiedlichen Erzählungen schaffen Zusammenhang, Pluralität und Verbundenheit in der Welt. Sowohl auf individueller als auch auf kollektiver Ebene zeigen sie, wer wir sind.

Die Antwort auf die Frage »Wer bist du?« muss immer wieder neu gesucht werden; deshalb hört das Geschichtenerzählen niemals auf. Die Entscheidung, ob Eudaimonia erreicht wurde oder nicht, kann zudem erst nach der letzten Geschichte, der allerletzten Handlung, getroffen werden. Der Mensch ist niemals vollendet, anders, als es ein Ding oder ein

Roboter sein kann, und daher kann er nicht auf ein »Was« reduziert werden. Daraus ergibt sich jedoch die Verpflichtung, sich bis zur letzten Stunde um Eudaimonia zu bemühen. Denn wir dürfen nicht vergessen, schreibt Arendt 1964 in dem Text *Was heißt persönliche Verantwortung in einer Diktatur?*, »dass wir, solange wir leben, dazu verdammt sind, mit uns selbst zusammenzuleben, was immer auch geschehen mag.«[84] Gerade weil der Mensch seiner Natur nach dialogisch oder zweistimmig ist, kann er seine eigenen Erzählungen und Handlungen gegen das Licht halten und beurteilen. Die Unvollendetheit des Wer einerseits und das Streben nach dem Guten andererseits verbinden die Menschen miteinander. Überdies »sind alle Sorgen zu ertragen, wenn man sie in eine Geschichte packt«[85], pflichtet Arendt der dänischen Schriftstellerin Isak Dinesen bei. Der Trost für unsere Melancholie liegt im »guten Zusammenleben mit anderen«, und das gelingt uns unter anderem dadurch, dass wir diesen anderen erzählen, wer wir sind und wer wir sein wollen.

Denken und Sprechen, so könnte man Arendts Philosophie kurz zusammenfassen, ist nur aufgrund von Unterschiedenheit möglich – der Unterschiedenheit, die man als zweistimmiger oder dialogischer Mensch bereits in sich trägt, und der Unterschiedenheit zwischen einem selbst und anderen. Der Denkprozess kommt, mit anderen Worten, erst in Gang, wenn der eigene Standpunkt von einem anderen Standpunkt herausgefordert oder in Zweifel gezogen wird. Ohne diese Unterschiede stagniert das Denken. Und wenn das Denken ins Stocken gerät, schwindet auch das Urteilsvermögen sowie, was noch gravierender ist, die Demokratie. Wenn Menschen die politische, kulturelle und soziale Freiheit erhalten, etwas Neues zu schaffen oder etwas Neues zu erzählen, geben sie nicht nur ihrem eigenen Leben einen Sinn, sondern verleihen auch der Pluralität Gestalt, die die Conditio humana kennzeichnet und die Grundlage für eine demokratische Welt bildet. Erst indem sie sich auf die Welt beziehen und dort ihre Geschichte erzählen oder handeln, machen sie die Welt menschlich. »Denn menschlich ist die Welt nicht schon darum, weil sie von Menschen hergestellt ist, und sie wird auch nicht schon dadurch menschlich, dass in ihr die menschliche Stimme ertönt, sondern erst, wenn sie Gegenstand des Gesprächs geworden ist«[86], argumentierte

Arendt. Im Gegensatz zu totalitären Regimen, die die Pluralität mit Gewalt, Propaganda und dem Schüren von Angst gegen Gleichheit eintauschen wollen, basiert eine Demokratie genau auf dieser Fähigkeit, anders zu sein: »Das Handeln ist die einzige Tätigkeit [...], die sich direkt zwischen Menschen abspielt. Die Grundbedingung, die ihr entspricht, ist das Faktum der Pluralität, nämlich die Tatsache, dass nicht ein Mensch, sondern viele Menschen auf der Erde leben und die Welt bevölkern«[87], schreibt Arendt.

Eine demokratische Gesellschaft lebt daher von der Beteiligung aller Bevölkerungsgruppen an den politischen Debatten über die Bestimmung der Werte, Zukunftsvisionen und moralischen Normen. Wir sollten uns nicht vor gegensätzlichen Meinungen fürchten oder diese absichtlich unter Verdacht stellen beziehungsweise als minderwertig abstempeln, sondern uns bewusst machen, dass sie für die demokratischen Verfassung einer Gesellschaft unverzichtbar sind. Der österreichische Philosoph Oliver Marchart fordert daher in Anlehnung an Arendt, dass jedes demokratische System »an der Notwendigkeit von Meinungsunterschieden festhalten solle« und jedes »Verwischen von Positionen« durch einen »patriotischen Schulterschluss« als antidemokratisch entlarvt werden müsse. Der Eifer, mit dem die niederländischen politischen Parteien im Wahlkampf 2017 auf patriotische Slogans zurückgegriffen haben – »Die Niederlande müssen die Niederlande bleiben«« (VVD – Volkspartei für Freiheit und Demokratie), »Progressiver Patriotismus« (PvdA – Partei der Arbeit) und »Die Niederlande sollen wieder uns gehören!« (PVV – Partei für die Freiheit) –, gibt zu denken. Ein demokratisches System sollte doch gerade Raum für Pluralität lassen; nur so kann eine Form der politischen Offenheit entstehen, die der Demokratie neue Impulse zu geben vermag.

Das steht natürlich konträr zu einem Vorhaben, bestimmte Gruppen von oben herab »unsere« Normen und Werte aufzudrängen oder ihre kulturelle Identität anzugreifen, wie es die PVV in zunehmendem Maße verfolgt. Wir sollten eher dafür Sorge tragen, dass alle Gruppen die Möglichkeit haben, sich im öffentlichen und politischen Raum einzubringen. Erst in einer Atmosphäre formaler Gleichberechtigung, die eine reife Demokratie gewährleisten können sollte, kann ein Dialog über Normen und Werte entstehen, den unsere Gesellschaft so nötig hat, um sich zu erneuern. Wir sollten daher auch dem Übereifer misstrauen, mit dem die multikulturelle Gesellschaft für bankrott erklärt wird; sie ist schließlich nicht eine Gegebenheit, mit der wir so vernünftig wie möglich umgehen sollten. Die Anpassung der Migranten an unsere Kultur und den modernen Lebensstil ist viel reibungsloser verlaufen als die Entwicklung des verarmten Proletariats zu einer urbanen Mittelschicht im 20. Jahrhundert. Darüber hinaus »ist die Diversität, die Migranten einbringen, der Kern ihres bedeutenden Beitrags zur Gesellschaft«, argumentiert der Wirtschaftswissenschaftler Philippe Legrain. Ihre Anwesenheit sorgt für »neue Ideen, Innovationen und wirtschaftliche Aktivität«. Zur Einschätzung der multikulturellen Gesellschaft müssen wir größere historische Zusammenhänge betrachten und nicht einen Querschnitt in Momentaufnahme oder anekdotische Sachverhalte, die aus wahltaktischen Gründen überbewertet werden.

Die multikulturelle Gesellschaft hat wahrscheinlich mehr Erfolgsaussichten, wenn unbegründete Ängste abgebaut werden und ein gemeinsames Verantwortungsgefühl für die Welt wächst, sodass sich ein jeder eingeladen fühlt, sich an einem Gespräch über diese Welt zu beteiligen. Aus Hannah Arendts Sicht bedeutet das nichts anderes, als jeden Menschen einzuladen, Mensch zu sein. Nur dann können wir das »Label« Menschlichkeit, wie es Appiah nennt, allem anderen voranstellen. Politiker, die Ängste schüren, sägen an den Grundfesten der Demokratie. Dem französischen Philosophen Alain Badiou zufolge ist Angst nichts anderes als eine »unfruchtbare Unruhe«, die äußerst zerrüttend wirken kann. Statt Angst zu verbreiten, sollten Politiker »Deiche des Mutes gegen die Flut der Furcht« bauen, wie Martin Luther King es ausdrückte – und damit eine Metapher verwendete, die besonders niederländische Politiker ansprechen sollte.

Wenn einige Gruppen nicht oder kaum dazu eingeladen werden, in der Öffentlichkeit mitzureden und mitzuhandeln, können wir von diesen Gruppen auch schwerlich eine positive Partizipation erwarten. Es sollte uns dann nicht allzu sehr überraschen, wenn sie sich von einem anderen, viel radikaleren Narrativ populistischer Politiker oder fanatischer Imame verführen lassen. Den Menschen die Möglichkeit vorzuenthalten, ihre eigene Erzählung, Geschichte oder Kultur in ihr politisches Handeln und Sprechen einzubeziehen, bedeutet aus Arendts Sicht, sie daran zu hindern, als ein »Wer«, als einzigartige und unveränderliche Personen, aufzutreten. Wodurch ihnen auch die Chance genommen wird, eine eigene vitale Kultur zu entwickeln, was nicht nur soziale Benachteiligung und Kränkungen nach sich zieht, sondern auch das demokratische System gefährdet. Die Kunst der Politik liegt darin, gerade diesen Gruppen eine Stimme zu geben.

Heutzutage scheint dies jedoch insbesondere für die Gruppe der Niederländer mit niedrigerem Bildungsniveau und die Mitbürger mit einem nichtwestlichen Migrationshintergrund nicht von Erfolg gekrönt zu sein. Sie sind kaum oder gar nicht in den Reihen der Politiker repräsentiert und auch nicht in den Leitungsgremien oder Direktorien von Bildungs-

und Gesundheitseinrichtungen sowie Wirtschaftsunternehmen vertreten. Viele haben der Politik den Rücken gekehrt und sind schlecht auf die zu sprechen, die in der Machtposition sind, über ihr Schicksal zu entscheiden. Sie fühlen sich permanent abgelehnt, und diese Frustration äußert sich oft in Gefühlen von Ohnmacht, Wut und manchmal auch Hass. Es ist nicht nur unklug, sondern auch gefährlich, ganze Bevölkerungsteile bewusst oder unbewusst auszuschließen. Statt die Unruhe, die in diesen Gruppen herrscht, zu besänftigen, appellieren einige Politiker gerade an deren Frustrationsgefühle, indem sie Angst und Zwietracht säen und diese Gruppen dadurch noch weiter gegeneinander aufbringen.

Damit sind Probleme vorprogrammiert. In einer Zeit, in der Fremdenfeindlichkeit und Nationalismus die Politik zunehmend dominieren, ist es für die politisch Verantwortlichen von zentraler Bedeutung zu verstehen, was unsere Gesellschaft zusammenhält. Auf Ängste oder Verlustgefühle abzuzielen, um Wählerstimmen zu gewinnen, zeugt nicht nur von politischer Verantwortungslosigkeit, sondern fördert auch ein Umschlagen der Melancholie in Depressivität.

Angstzustände und Depressionen werden fast immer durch Stress verursacht, konstatiert der Psychiater Witte Hoogendijk in seinem Buch *Van big bang tot burn-out. Het grote verhaal over stress* (Vom Big Bang zum Burn-out. Die große Geschichte vom

Stress), das er zusammen mit Wilma de Rek verfasst hat. Stress basiert auf uralten Reflexen, auch *fight-or-flight response* genannt, die bei uns Fluchtreaktionen auslösen, wenn wir bedroht werden. Die heutigen Stressfaktoren sind jedoch meist keine konkreten Bedrohungen mehr, wie Raubtiere, Hunger oder Krieg; Hoogendijk zufolge sind sie »zu abstrakt, zu groß und zu unbeeinflussbar« geworden, um mit ihnen adäquat umgehen zu können. In den Medien werden wir ständig auf zahlreiche Gefahren, Katastrophen und Bedrohungen hingewiesen, auf die unser Stressreaktionssystem keine Antwort parat hat. Das führt zu Angst- und Stressimpulsen, auf die »Populisten wie Trump und Wilders unmittelbar abzielen«, wie Hoogendijk in einem Interview mit dem *NRC Handelsblad* erläutert.

Je weniger Kontrolle Menschen über ihre Angststressoren haben, desto weniger sind sie in der Lage, diese zu relativieren, und desto größer ist die Wahrscheinlichkeit einer Depression. Auch aus diesem Grund sollten Politiker ihre Verantwortung wahrnehmen und die Angst nicht noch weiter schüren. Zwischen niedrigem Bildungsniveau, Depressivität und Populismus besteht, so Hoogendijk, ein klarer Zusammenhang. Fast die Hälfte der Patienten mit klinisch behandelten Depressionen haben ein niedriges Bildungsniveau, sie nehmen fünfmal so häufig Antidepressiva ein wie Menschen mit einer höheren Bildung: »Das ist äußerst besorgniserregend. (...) Es gibt eine Gruppe am unteren Rand der Gesellschaft, die den Halt im Leben mehr und mehr verliert.« Auch die häufige Einnahme von Antidepressiva bei fast einem Drittel der türkischen und marokkanischen Frauen mittleren Alters gibt Hoogendijk zufolge Anlass zur Sorge. »Es wäre besser, ihnen eine Psychotherapie zu ermöglichen und sie bei ihrer Integration in die Gesellschaft zu unterstützen.« Aber dafür fehlt es den meisten Ärzten sowohl an Zeit als auch an Mitteln.

Statt Stress- und Angstgefühle in der Gesellschaft abzuschwächen, stacheln Politiker wie Wilders sie noch weiter an. Aber auch andere Parteien versuchen nicht, diese Ängste auszuräumen. Die heutige Politik denkt so überdeutlich wahltaktisch, dass man es manchmal kaum mehr mitansehen kann. Es ist nun wirklich an der Zeit, unrealistische Ängste abzubauen und ehrliche Debatten mit der gesamten Bevölkerung zu führen, in denen man sich unvoreingenommen zuhört und unterschiedliche Argumente und Meinungen gegeneinander abwägt. In dieser Debatte kann es nicht nur um ökonomische Belange gehen, sondern vor allem um die Frage, wie wir die Gesellschaft anders, besser und gerechter machen können. Gerade Politiker sollten ein Vorbild für Eudaimonia sein.

Auch hier spielt die schulische Bildung eine entscheidende Rolle. Kinder mit Migrationshintergrund erhalten weniger oft eine Empfehlung für eine weiterführende Schule, und sie gehen seltener auf renommierte »weiße« Schulen. Abgesehen von Vorurteilen seitens der Lehrer spielt hier auch die Angst der Eltern mit hinein, ihre Kinder auf diese Schulen zu schicken; sie befürchten, dass ihre Kinder dort nicht akzeptiert werden. Da ein Zusammenhang zwischen niedrigerem Bildungsniveau und dem Risiko, eine Depression zu bekommen, deutlich wird, liegt es auf der Hand, dass eine gute Ausbildung für alle Kinder hohe Priorität haben sollte. Statt ein Ort zu sein, an dem Kinder in Freiheit werden können, *wer* sie sind, ist die Schule noch allzu oft ein Ort, der viele von ihnen aufgrund dessen, *was* sie sind, ausschließt. Freiheit bedeutet im Wesentlichen, den Gegebenheiten des Lebens wie Herkunft, Geschlecht und Glaube eine eigene Bedeutung beimessen zu dürfen. Die Schule sollte ein Freiraum sein, in dem sich die Schüler zu dem Menschen entwickeln können, der sie sind. Dadurch entwickelt sich nicht nur die für eine Demokratie essenzielle Pluralität, sondern es verringert sich bei Menschen mit niedrigerem Bildungsniveau und bei neu Eingebürgerten auch das Risiko, an Depressionen zu erkranken. Gerade an Schulen sollte eine solche Diversität angestrebt werden. »Wenn wir die Tendenz zu gewalttätiger Spaltung bekämpfen wollen«, sagte Kwame Appiah in seiner Dankesrede für die Spinoza-Linse, »ist es hilfreich, unseren Kindern die Möglichkeit zu geben, den öffentlichen Raum mit

Kindern vieler unterschiedlicher Identitäten zu teilen und gemeinsam im produktiven Umgang miteinander zu lernen«.[88]

Aufgrund der Segregation im Bildungswesen ist es mittlerweile wieder an der Zeit, die Debatte über eine integrierte Gesamtschule aufleben zu lassen, damit nicht schon bei Zwölfjährigen aufgrund ihrer Herkunft entschieden wird, ob sie eine Chance auf eine hoffnungsvolle Zukunft haben oder nicht. »Nicht das Talent, sondern die sozioökonomische Herkunft eines Kindes ist in den Niederlanden für seine Zukunft entscheidend«, sagt Alexander Rinnooy Kan, Professor für Betriebswirtschaftslehre, in einem Artikel im *NRC Handelsblad* (10. Februar 2017). Eine spätere Verteilung der Kinder auf unterschiedliche Schularten reduziert nicht nur die Ungleichheit, »sondern ist auch ein Geschenk des Himmels für die Spätzünder – zu denen häufig die Jungen gehören – und für die Schüler im Mittelfeld«, sagt auch Paul van Maanen, der Direktor des ROC (Regionaal Opleidingen Centrum Midden Nederland – Regionales Schulzentrum für die Aus- und Weiterbildung in der Berufs- und Erwachsenbildung in den Zentralniederlanden), der im selben Artikel die Gesamtschule befürwortet. In Finnland, dem Land mit den weltweit besten Schulergebnissen, wurde die Gesamtschule bereits in den siebziger Jahren eingeführt. Sie erhöhte nicht nur die Aufstiegschancen armer Kinder erheblich, »sondern reduzierte auch ihre Sterblichkeitsrate bis zum fünfzigsten Lebensjahr um zwanzig Prozent«. Das scheinen mir doch gewichtige Argumente zu sein, um die Grundstruktur unseres Schulsystems einer Revision zu unterziehen.

Neben einer guten Bildung für alle Kinder, ungeachtet ihrer sozialen Herkunft oder ethnischen Zugehörigkeit, könnte auch noch ein anderes politisches Instrument die für die Demokratie so notwendige Pluralität besser gestalten. So plädiert Arendt in ihrem Text *On Revolution (Über die Revolution)* leidenschaftlich für die Institutionalisierung von »Bürgerräten« oder einer »Rätedemokratie«. Sie bezeichnet die Selbstverwaltungsräte, die sich während der Französischen, Russischen und Ungarischen Revolution entwickelt hatten, als »Oasen in der Wüste«[89], weil sie es vielen Bürgern ermöglichten, »wirklich am Regieren teilzunehmen« und sich so wieder in die politische Welt einzubringen. Solche Räte bräuchten wir heute wieder, denn das parlamentarische System sei zwar demokratisch, aber »man kann es auch oligarchisch nennen in dem Sinne, dass die öffentliche Freiheit das Privileg einiger weniger Volksvertreter ist«.[90]

Denn nur wer gewählt wurde, hat die Möglichkeit, sich aktiv dem Vorschlagen, Diskutieren und Entscheiden zu widmen, die im positiven Sinne Ausdrucksformen der Freiheit sind. Das Beste, worauf die anderen Bürger hoffen können, ist, dass sie

»repräsentiert« werden, soweit es ihre Wohlfahrt angeht. Ihre individuellen Handlungen oder Meinungen werden jedoch nicht repräsentiert, und zwar aus dem »einfachen Grund«, dass es sie nach ihrer Stimmabgabe nicht mehr gibt. Meinungen werden Arendt zufolge nämlich in einem Prozess der offenen Diskussion und öffentlichen Debatte gebildet, und davon ist bei Abstimmungen keine Rede. »Es ist verlockend, die Möglichkeiten von Räten weiterzuspinnen«, schreibt sie, »aber es dürfte klüger sein, mit Jefferson zu sagen: ›Man mache nur erst einen Anfang für gleich welchen Zweck, es wird sich bald herausstellen, für welche andere Zwecke sie sich am besten eignen‹«[91]. Arendt schlägt vor, dass solchen Bürgerräten, anders als beratenden Referenden, ausreichend Zeit zugestanden wird, um eine sorgfältige Prüfung durchführen und über wichtige politische Entscheidungen mit nachdenken und mitentscheiden zu können. Sie könnten so nicht nur für eine neue Form der Beteiligung der Bevölkerung am öffentlichen Leben sorgen, sondern auch das »beste Instrument für das Zerschlagen der pseudo-politischen Bewegungen der modernen Massengesellschaft«[92] sein. Denn in solchen populistischen Massenbewegungen, so Arendt, liegt eine große Gefahr für die Demokratie.

Die Form der direkten Demokratie, für die Arendt hier plädiert, muss Wasser auf die Mühlen des flämischen Schriftstellers David Van Reybrouck sein, der in seinem Essay *Gegen Wahlen* 2016 das Versagen der parlamentarischen Demokratie und das in ihr herrschende »permanente Wahlfieber« sowie das schwindende Vertrauen der Bürger in die Demokratie anprangert. Auch van Reybrouck schlägt eine Form von Bürgerräten zur Befassung mit wichtigen politischen Fragen vor. Wie in der klassischen Polis von Athen sollen sie per Los ausgewählt werden. In einer Auslosung sieht van Reybrouck den besten Weg, um zu verhindern, dass nur Leute mit Geld, Diplomen oder Verbindungen in der Politik mitreden können. Außerdem nimmt er einen Hunger nach Demokratie und Mitspracherecht in allen Schichten der Bevölkerung wahr, die heute weitgehend von der politischen Entscheidungsfindung ausgeschlossen sind. Über Losverfahren werden Bürger eingesetzt, die keine eigenen Interessen am Wahlgewinn verfolgen, daher kein Bedürfnis haben, Wähler an sich zu binden oder ihre Position in der Partei oder ihren eigenen Arbeitsplatz zu sichern. Sie erhalten genügend Zeit, um sich in eine Sachfrage zu vertiefen, Experten einzuladen und sich ein wohlüberlegtes und politisches Urteil zu bilden. Beispiele für solche Bürgerräte gibt es bereits: In Island hat eine Gruppe von fünfundzwanzig Bürgern in vier Monaten einen neuen Entwurf der Verfassung erstellt, der von siebzig Prozent der Bevölkerung angenommen wurde.

Van Reybrouck möchte die Wahlen übrigens nicht

abschaffen, sondern sie durch Bürgerräte ergänzen. Sein Essay stieß auf große Resonanz und wurde in mehrere Sprachen übersetzt, aber innerhalb der politischen Kreise blieb es still um ihn. Warum sollten wir nicht den Anfang mit seinem Vorschlag machen? Schließlich gibt es viel zu gewinnen. Gemeinschaftssinn zum Beispiel, aber auch eine geteilte Verantwortung und Sorge für die Welt. Das damit ansteigende Engagement führt hoffentlich auch zu einer Abschwächung von Gefühlen der Unzufriedenheit und der Unruhe, die immer gehäufter auftreten und das demokratische System bedrohen.

Bürgerräte könnten auch den Angst schürenden und fremdenfeindlichen Populisten den Wind aus den Segeln nehmen. Denn damit kann den Menschen wieder ein Platz in der politischen Welt geboten werden; sie werden sich weniger ohnmächtig und melancholisch fühlen müssen. Überdies werden sie auf diese Weise die anderen wirklich kennenlernen können; dadurch werden sie Vorurteile abbauen können, und ihnen wird bewusst werden, dass uns Menschen mehr verbindet, als uns trennt.

»Der Kontakt zwischen Menschen aus unterschiedlichen Gruppen sorgt dafür, dass Feindseligkeit und Vorurteile unwahrscheinlicher werden«, schlussfolgerte Kwame Appiah in seiner Dankesrede, »wenn dieser Kontakt in einem Rahmen stattfindet, der einige wichtige Bedingungen erfüllt: Entscheidend ist, dass er unter gleichberechtigten Bedingungen und im Kontext einer Aktivität stattfindet, bei der man gemeinsame Ziele verfolgt.«[93] Bürgerräte könnten ein Beispiel für eine solche Aktivität sein. Regelmäßig werden Menschen unterschiedlicher Herkunft, Bildungsniveaus und Ethnien eingeladen, die Grenzen ihrer Privatsphäre, ihrer Gruppe, ihres Labels, ihrer *Facebook-bubble* oder ihres »Was« zu überschreiten und mit anderen zu neuen Gedanken, Urteilen und Initiativen zu gelangen. Dies würde ihnen dabei helfen, nicht nur über den Tellerrand der eigenen Identität hinauszudenken, sondern auch ihre Melancholie in Kreativität und Engagement umzuwandeln und der Pluralität der Welt Gestalt zu verleihen.

8

MELANCHOLIE UND DIE WELT, DAMALS UND HEUTE

Denn menschlich ist die Welt nicht schon darum, weil sie von Menschen hergestellt ist, sondern erst, wenn sie Gegenstand des Gesprächs geworden ist.

– HANNAH ARENDT

Gegen Ende des Jahres 2016 fragte sich Jeffrey C. Isaac, Professor für Politikwissenschaft, in der Washington Post, wie es kommt, dass Hannah Arendt in ihrem Buch *The Origins of Totalitarianism* aus dem Jahr 1951 gerade zu unserer Zeit so eindringlich zu sprechen scheint. Nicht wenige politische Kommentatoren nahmen nach den amerikanischen Wahlen von 2016 auf dieses bahnbrechende Werk über totalitäre Regime Bezug, mit dem Arendt ihren Namen als politische Denkerin begründete. Sie zitierten vor allem diese Passage aus dem Vorwort: »Diese Phase des ängstlichen Wartens wirkt wie die Stille, die sich herabsenkt, nachdem alle Hoffnung begraben ist. Wir hoffen nicht mehr auf eine Wiederherstellung der alten Weltordnung mit all ihren Traditionen, und wir erwarten auch nicht, dass die über fünf Kontinente verstreuten Massen, die durch die Gewalt der Kriege ins Chaos gestürzt wurden, wieder integriert werden können. Wie unterschiedlich die Umstände auch sind, so beobachten wir doch die Entwicklung identischer Phänomene – Vertreibung in einem noch nie dagewesenen Ausmaß und Entwurzelung in einer noch nie erfahrenen Radikalität. Noch nie war unsere Zukunft weniger vorhersehbar, noch nie waren wir in diesem Maße von unberechenbaren Kräften abhängig, die die Gesetze des gesunden Menschenverstands mit Füßen treten.«[94]

Hannah Arendt schrieb ihr Buch über das Aufkommen und die Funktionsweise totalitärer Regime Ende der vierziger Jahre, zum einen, weil sie verstehen wollte und verstehen musste, wie sich der unvorstellbare Terror in Nazi-Deutschland ereignen konnte, zum anderen, weil sie glaubte, dass wir auch nach dem Krieg wachsam bleiben müssen, damit Tyrannei, Despotismus und Demagogie nicht aufs Neue um sich greifen. Das Interesse am Werk von Hannah Arendt, die 1906 als Kind jüdischer Eltern im heute zu Hannover gehörenden Linden geboren wurde,

Anfang der dreißiger Jahre vor den Nazis flüchtete und schließlich in New York landete, hat in letzter Zeit stark zugenommen. Das ist unter anderem darauf zurückzuführen, dass sie ihre philosophischen Betrachtungen über den Menschen mit scharfen politischen Analysen unterlegte und diese nicht selten mit einer an demokratische Gesellschaften gerichteten Warnung verband. Obwohl sich die Welt seit den frühen fünfziger Jahren in vielerlei Hinsicht stark gewandelt hat, scheinen einige ihrer Warnungen mit einem Mal wieder entsetzlich aktuell zu sein. Darüber hinaus konstatiert sie in ihrer Analyse der deutschen Bevölkerung in der Zwischenkriegszeit, die sich als so anfällig für die Nazi-Ideologie erwiesen hatte, nicht nur so etwas wie einen freudianischen Zustand der pathologischen Melancholie, sondern auch eine Form tiefgreifender moralischer Depression. Es gibt also mehr als genug Gründe, ihre Analyse hier noch einmal genauer unter die Lupe zu nehmen und zu prüfen, inwieweit einige politische Führer in Europa und Amerika ein System verfechten, das ihrem Bild eines »totalitären« Regimes entspricht.

Im Totalitarismus sieht Arendt ein politisches System am Werk, das im Zeichen der Macht, der Instrumentalisierung und der Technokratie steht und keinen Raum mehr für Freiheit, Humanität und Solidarität bietet. Ein solches System beruht fast immer auf dem absoluten Glauben an *eine* einzige Idee oder *ein* einziges Volk und bedient sich daher meistens einer Sündenbocktheorie – zu Hannah Arendts Zeit des Antisemitismus. Innerhalb eines solchen Systems gibt es keinen Raum mehr für offene Debatten oder abweichende Interpretationen und Meinungen, weil alles in die Logik dieses einen Volkes oder dieser einen Idee hineingezwungen wird. Totalitäre Regime zielen darauf ab, die Diversität eines Volkes zu *einer* gleichförmigen und gefügigen Masse zu amalgamieren. Es geht ihnen weniger darum, die Gesellschaft zu verändern, wie sie steif und fest behaupten, sondern eher die menschliche Natur. Diese wollen sie so umgestalten, dass alles, was Arendts Auffassung nach essenziell daran ist – also: Natalität, Pluralität und Freiheit – zugunsten der einen Ideologie getilgt wird.

Dafür setzten die Nationalsozialisten Angst, Propaganda und Terror als stärkste Waffen ein – mit dem Resultat, dass große Teile der deutschen Bevölkerung mit der Zeit nicht mehr eigenständig und kritisch zu denken wagten oder konnten, keinen Widerstand mehr leisteten und sich keine eigene Meinung mehr bildeten. Die Gräueltaten, die diese Bürger später in Gefolgschaft gegenüber den politischen Führern begingen, entsprangen Arendts Auffassung nach nicht so sehr ihren tiefsten Seelenabgründen, sondern der Angst und einem Mangel an politischem Bewusstsein und kritischem Denken. Die größte Bedrohung der

Demokratie besteht darin, die Bevölkerung gleichgültig, ängstlich und mürbe zu machen und *eine* bestimmte Gruppe oder Ethnie von Menschen zu bevorzugen. Gegen Ende ihrer sehr umfangreichen Analyse gibt Arendt zu bedenken, dass der Totalitarismus leider eine Regierungsform ist, die überall und immer wiederaufleben kann. Freiheit ist eine fragile Errungenschaft, die immer wieder aufs Neue erkämpft werden muss. Es gilt daher, auf der Hut zu sein, wenn Demagogen wieder ihre Stimme erheben.

In den dreißiger Jahren griff der Nationalsozialismus die Gefühle der Entwurzelung, Unzufriedenheit und Unruhe auf, um den Deutschen den nationalistischen Mythos eines »eigenen« arischen Volk vorzugaukeln. Die Bevölkerung war aufgrund der großen persönlichen und wirtschaftlichen Verluste, die der Erste Weltkrieg mit sich gebracht hatte, zermürbt und entmutigt, was einen idealen Nährboden für die Durchsetzung dieses Mythos bot. »Der kostbarste Besitz der Welt aber ist das eigene Volk«, sagte Hitler 1933 auf dem Parteitag in Nürnberg, »und für dieses Volk und um dieses Volk wollen wir ringen und wollen wir kämpfen und niemals erlahmen und niemals ermüden und niemals verzagen und niemals verzweifeln.«[95] In seinem Buch *The Political Unconscious of Hannah Arendt* analysiert Judson Peverall die Übereinstimmungen von Arendts Charakterisierung des deutschen Volkes in der Zwischenkriegszeit mit dem psychoanalytischen Konzept der pathologisierten Melancholie. Obwohl Arendt selbst wenig für die Psychoanalyse übrighatte, gelingt es Peverall dennoch überzeugend darzulegen, dass sich das deutsche Volk psychoanalytisch betrachtet in einem Zustand tiefer Trauer und Depression befand. Der Verlust von fast einer Million deutscher Soldaten im Ersten Weltkrieg, die unverhältnismäßigen Reparationszahlungen, die zu wirtschaftlicher und politischer Instabilität in Deutschland führten, die Erosion von Traditionen und Gemeinschaft, die Gefühle von Sinnlosigkeit, Ohnmacht und allgemeinem moralischem Verfall trieben die deutsche Bevölkerung in die Hände des Nationalsozialismus. Die erlittenen Verluste waren zu groß, um sie zu verarbeiten; der Bevölkerung gelang es daher nicht, den ersten Schritt zu einem »gesunden« Trauerprozess zu tun.

Es ist diese Unfähigkeit, die Peverall für die Verbindung zwischen Arendts Analyse und Freuds Text »Trauer und Melancholie« anführt: Die »Unfähigkeit, den Verlust zu betrauern«, führte zur politischen Lähmung. Für Freud ist die pathologische Melancholie eine Folge der Unfähigkeit, einen Verlust zu verarbeiten. Das deutsche Volk, so analysiert Arendt, fühlte sich angesichts der persönlichen, wirtschaftlichen und politischen Bedrängnisse so machtlos, dass es sich, wie Freuds Melancholiker, mit dem Verlust selbst zu identifizieren begann. Die Trauer verzog sich gleichsam nach innen, verschlang dort jede Hoffnung auf Veränderung und zerrte die Bevölkerung mit in das schwarze Loch der pathologischen Melancholie.

Der falsche, aber kraftvolle Mythos des Nationalsozialismus besetzte dieses moralisch-existenzielle Vakuum und bot der depressiven deutschen Bevölkerung einen Weg, wieder Hoffnung zu schöpfen und dem Leben einen Sinn zu geben. In ihrer Studie über den Totalitarismus weist Arendt darauf hin, dass es nicht die Fakten, sondern die eindeutige Konsistenz des angebotenen Mythos war, der das deutsche Volk überzeugte: »Totalitäre Propaganda lebt von dieser Flucht aus der Wirklichkeit in die Fiktion.«[96] Man flüchtete in die ebenso fiktive wie gefährliche Nostalgie, in die Sehnsucht nach vergangenen Zeiten. Statt sich einer komplexen, komplizierten und paradoxen Wahrheit zu stellen, der man nur mit kritischer Reflexion und Mut ins Auge sehen konnte, zog es das deutsche Volk vor, sich einer konsistenten Lüge zu verschreiben. Mittels eines Gemischs aus Angst und Nationalismus ließ man sich in die Falle des Nationalsozialismus locken.

Auch in unserer heutigen Zeit treten in Amerika, Frankreich, Deutschland, Österreich, Ungarn, Polen und den Niederlanden wieder politische Führer auf den Plan, die sowohl nationalistische Mythen als auch Angst verbreiten und nur wenig Respekt für

Fakten aufbringen können. So wenig, dass *Post-Truth* vom Oxford Dictionary zu *dem* neuen Wort des Jahres 2016 auserkoren wurde. Der Begriff mag neu sein, Arendt zeigt jedoch, dass Lügen schon immer zu den Lieblingswerkzeugen totalitärer Regime gehört haben. Konsequent als Wahrheit verkaufte Lügen können eine von Kummer und Depression geplagte Bevölkerung in die Arme von Demagogen treiben.

POST-TRUTH UND ALTERNATIVE FAKTEN

Wie sprechen Demagogen und welche Mittel gebrauchen sie? Sie lassen, wie Arendt darlegt, Fakten außer Acht und entscheiden sich meistens für eine einzige Idee, die sich meist auf die »Eigentümlichkeit« des Volkes und die Fremdheit der anderen gründet, um immer wieder dieselbe suggestive und verlogene Geschichte zu erzählen. *Post-Truth-Politik* steht heute für eine Art, Politik zu betreiben, bei der es nicht mehr um Fakten oder Wahrheiten geht, sondern hauptsächlich um die Wiederholung (oft emotional aufgeladener) Behauptungen. Der Wahrheitswert dieser Behauptungen ist von untergeordneter Bedeutung; sie stehen einfach *jenseits* der Wahrheit. Sachliche Einwände werden ignoriert oder als irrelevant abgetan. Insbesondere bei den amerikanischen

Wahlen, die Trump 2016 ins Präsidentenamt gespült haben, ist deutlich geworden, wie leicht alternative Fakten zu Willkür und Manipulation führen. Die Wahlen erinnerten immer wieder an George Orwells dystopischen Roman *1984*, in dem eine imaginäre totalitäre Diktatur wie folgt beschrieben wird: »Alles versinkt im Dunst, die Vergangenheit ist ausgelöscht. Die Auslöschung vergessen, die Lüge zu Wahrheit geworden.«[97] Dunst, Lügen, eine ausgelöschte Vergangenheit und sogar die Auslöschung ist vergessen. Wie wir sehen werden, hat Arendt auch gegen diese Auslöschung der Vergangenheit angeschrieben.

Was Arendt natürlich nicht vorhersehen konnte, ist die nicht zu unterschätzende Rolle, die die Nutzung digitaler Informationen in der Post-Truth-Politik spielen würde. Facebook ist heute für 44 Prozent der Nachrichtenkonsumenten die wichtigste Informationsquelle. Natürlich gelangt man über dieses Portal auch zu Zeitungen und verlässlicheren Quellen, aber die Grenze zwischen dem Kommentar eines Nachbarn und der auf Wahrheitssuche und der Kenntnisnahme gegensätzlicher Auffassungen beruhenden Arbeit von Journalisten scheint sich mehr und mehr zu verwischen. Menschen, die der Vertrauenswürdigkeit traditioneller Medien skeptisch gegenüberstehen, scheinen anfälliger für sogenannte »Fake News« zu sein, die auch bei demokratischen Ereignissen wie den Wahlen in den USA oder dem Brexit eine wichtige

Rolle spielten. Zudem arbeitet Facebook mit diversen Algorithmen, die nach Häufigkeit und Beliebtheit konfiguriert sind, sodass wir vor allem das zu sehen bekommen, was sowieso schon unserem Denken und dem unserer Freunde entspricht. Auf diese Weise werden unsere schon bestehenden Vorstellungen, unabhängig von ihrem möglichen Wahrheitsgehalt, bestätigt.

Der Vergleich mit Platons Höhlengleichnis ist dann leicht gezogen. Platons Höhlenbewohner sind an Kopf und Händen festgekettet und schauen schweigend auf die Höhlenwand vor ihnen. Hinter ihnen brennt ein Feuer. Für sie unsichtbare Wesen heben Gegenstände in die Höhe. Die Festgeketteten halten die Schatten, die die Objekte auf die Wand werfen, für die Wirklichkeit, so wie Facebook-Besucher die gefakten Nachrichten auf ihrer Timeline für die Wahrheit halten. Die eindimensionale Wahrnehmung der Wirklichkeit hat die Unterschiede zwischen den Höhlenbewohnern zum Verschwinden gebracht, darin liegt die Ursache für ihr Schweigen. Platon nennt sie »erstarrte Wesen«, die unfähig sind, kritisch zu denken oder wahrheitsgetreu zu sprechen. In ihrem Kommentar zum Höhlengleichnis schlussfolgert Hannah Arendt, dass die Gefangenen »erstarrt« seien, weil ihnen gerade die beiden charakteristischsten menschlichen Aktivitäten, Sprechen und Handeln (*lexis* und *praxis*), und damit die beiden bedeutendsten Kennzeichen der Conditio humana, Natalität und Pluralität, fehlen.

Die immer schnellere Verbreitung von Fake News und die Verlautbarung von Lügen durch Politiker hat den italienischen Philosophen Maurizio Ferraris dazu veranlasst, für einen neuen Realismus in Wissenschaft und Politik zu plädieren.[98] Das ist an sich ein lobenswertes Bestreben, wäre da nicht die Tatsache, dass er ausgerechnet das postmoderne Denken für die mangelnde Wahrheitssuche in den Medien mitverantwortlich macht: »Die Postmodernisten dachten, sie würden ein ehrlicheres Bild davon zeichnen, wie die Welt funktioniert. Dabei verhedderten sie sich vor allem in einem Wirrwarr von Begriffen und unverständlichem akademischen Jargon und vergaßen, die *wahre* Realität, die Welt, die sich fröhlich weiterdrehte, zu analysieren.« Abgesehen von der Frage, was unter »der wahren Realität« zu verstehen ist, sollten wir nicht vergessen, dass die Abkehr von der Wahrheit oder auf Fakten basierenden Aussagen an den Universitäten schon lange gepredigt wurde, bevor von der Postmoderne die Rede war. Darauf hat schon Hannah Arendt in ihrer Studie über den Totalitarismus hingewiesen. Die Postmoderne für den wachsenden Glauben an Fake News verantwortlich zu machen greift daher auch zu kurz. Postmoderne Denker wie Derrida, Kofman und Lyotard haben nicht für die Abschaffung der Wahrheit plädiert, sondern für eine weniger vehemente Besessenheit von *der* Wahrheit, sie stehen vielmehr für eine »situiertere« Form der Wirklichkeitserkenntnis, einer Erkenntnis unter Berücksichtigung spezifischer historischer, sozialer und kultureller Bedingungen.

Der Glaube an Fake News scheint eher auf eine neue Besessenheit von *der* Wahrheit hinzuweisen. Die Tatsache, dass bestimmte Nachrichtenquellen von der AfD als *Lügenpresse* bezeichnet werden und Trump von *crooked media* spricht, bestätigt dies. Nicht der sogenannte postmoderne Ansatz der französischen Philosophen, sondern eher die opportunistische und auf den Gewinn von Wählerstimmen abzielende Haltung von Politikern sowie die Praktiken quotenhungriger Nachrichtensender sind eine Erklärung für den Verlust des Vertrauens in die traditionellen Medien innerhalb der Bevölkerung. Für verständliche, vertrauenswürdige Medien und gegen unverständlichen akademischen Jargon zu plädieren, wie es Ferraris tut, ist natürlich eine gute Sache, aber nur solange die postmoderne Kritik an der einen Wahrheit beibehalten wird. Dabei sollte vor allem vermieden werden, in den Diskurs »Sie lügen, aber das ist die *wirkliche* Wahrheit« einzustimmen.

Eine wachsende Abkehr von den (politischen) Verantwortungsträgern, das Gefühl, von der Macht betrogen zu werden, die nostalgische Sehnsucht nach einer glorreichen Vergangenheit, die es nie gegeben hat, und die Angst vor der Zukunft machen Fake News und neue nationalistische Mythen zu einer, wenn auch fiktionalen und illusorischen, dennoch verlockenden Alternative, an die so mancher gerne glaubt. Haro Kraak hat in *de Volkskrant* auf interessante Weise eine Verbindung zwischen Trumps dubiosem Umgang mit Fakten und Harry Frankfurts Buch *Bullshit* hergestellt: Ein Lügner bezieht sich auf die Wahrheit, und in diesem Sinne respektiert er die Wahrheit. Ein Bullshitter schert sich nicht um die Wahrheit.« Kraak zufolge ist Trump das perfekte Beispiel für einen solchen Dummschwätzer, der mit jeder Tatsache, ob wahr oder falsch, so umgeht, wie es ihm in den Kram passt. Arendt meint, dass wir alles in unserer Macht Stehende tun müssen, um diesen Wahrheitszynismus innerhalb öffentlicher Institutionen zu bekämpfen: »Tatsachen sind der Gegenstand von Meinungen, und Meinungen können sehr verschiedenen Interessen und Leidenschaften entstammen, weit voneinander abweichen und doch alle noch legitim sein, solange sie die Integrität der Tatbestände, auf die sie sich beziehen, respektieren.«[99]

Lügen – oder *alternative facts*, wie sie in den Worten von Trumps Beraterin euphemistisch genannt wurden – müssen entlarvt und mit auf Fakten basierenden Meinungen widerlegt werden, weil sie andernfalls den Nährboden für diktatorische Politik bilden.

»Das ideale Subjekt totalitärer Herrschaft ist nicht der überzeugte Nazi oder der überzeugte Kommunist«, schreibt Arendt in *The Origins of Totalitarianism*, »sondern Menschen, für die die Unterscheidung zwischen Fakt und Fiktion, zwischen wahr und falsch nicht mehr existiert.«[100] Neben dem Verbreiten von Lügen ist auch das Knebeln der Presse, wie wir es in Amerika erlebt haben, ein probates Mittel totalitärer Regime. »Wenn wir keine freie Presse mehr haben«, argumentiert Arendt, »kann alles passieren. Was es Diktatoren ermöglicht zu herrschen, ist, dass die Menschen nicht gut informiert sind. Wenn Menschen ständig belogen werden, ist die Folge nicht einmal, dass sie anfangen, die Lügen zu glauben, sondern eher, dass sie irgendwann nichts mehr glauben. Und wenn Menschen nichts mehr glauben können, können sie sich auch keine Meinung mehr bilden. Dann sind sie nicht nur der Handlungsfähigkeit, sondern auch der Denk- und Urteilsfähigkeit beraubt. *And with such a people you can do what you please.*«[101]

»Lügende Führer« war die Schlagzeile auf der Titelseite des *NRC Handelsblads* eine Woche nach der Wahl 2016. Trumps damaliger Top-Stratege Steve Bannon erklärte der *New York Times* gegenüber unverblümt, dass Journalisten »die Klappe halten und einfach zuhören« sollten. Trump erzeugte bewusst eine von Paranoia und Verwirrung geprägte Atmosphäre. Die Journalisten haben jedoch noch keine gute Antwort auf seine »alternativen Fakten« gefunden. Nach Auffassung von David Remnick, dem Chefredakteur von *The New Yorker*, liegt das daran, dass sie »nicht einmal die Worte haben«, um seine »Post-Truth« zu beschreiben. »Das ist keine Sprache, das ist Nebel, sprachlicher Modder.« Er befürchtet, dass die freie Presse zunehmend unter Druck geraten wird. »Die Amerikaner haben so etwas noch nie erlebt, aber alle unsere Freiheiten und unsere Institutionen stehen auf dem Spiel. Es ist eine Notsituation, wir können diesen Kampf einfach nicht verlieren.«

Auch in der niederländischen Politik wird die Wahrheit zurechtgebogen und ohne Not mit dem Feuer gespielt. Wenn wir die Möglichkeit verlieren zu sagen, was wirklich vor sich geht, können wir nicht mehr miteinander reden. Dann besteht die Gefahr, dass wieder eine Gesellschaft entsteht, die totalitäre Züge aufweist. Arendt beschreibt das, was den Menschen dann widerfährt, als »dass der Sinn, mit dem wir uns in der realen Welt orientieren – und die Kategorien Wahrheit vs. Lüge gehören zu geistigen Mitteln zu diesem Zweck – zerstört wird.«

ES KOMMT DARAUF AN, GANZ GEGENWÄRTIG ZU SEIN

Warnungen gibt es zuhauf, aber wie geht es weiter? Wie sollen wir in diesen »finsteren Zeiten« handeln? Wie sorgen wir dafür, dass unsere »angeborene« Melancholie nicht aufgrund von Unruhe und Angst, Lügen und falschen Mythen, Misstrauen und Ohnmacht zu einer moralischen Depression führt, die die demokratische Gesellschaft in Gefahr bringt? Arendt weist darauf hin, wie wichtig es ist, das »Gespräch über die Welt« weiterhin gemeinsam zu führen und dabei die historischen Ereignisse, die unser Verständnis der Gegenwart vertiefen können, und die Traditionen, die in der Vergangenheit verborgen liegen, zu reflektieren. Sie fordert uns auch auf, sehr aufmerksam in der Gegenwart Fuß zu fassen und uns nicht nur aus einem blinden Fortschrittsdrang heraus auf die Zukunft hin zu orientieren. Sie beruft sich unter anderem auf Kant, nach dem ein einseitiger Fortschrittsdrang die Menschen zu »zutiefst melancholischen Wesen« mache, weil sie ständig mit zukünftigen Zielen beschäftigt seien, was ihre Unzufriedenheit mit der Situation, in der sie sich gerade befinden, nur noch verstärken würde. Wir sollten »weder dem Vergangenen anheimfallen noch dem Zukünftigen«, zitiert sie Karl Jaspers zu Beginn von *The Origins of Totalitarianism*, »es kommt darauf an, ganz gegenwärtig zu sein«.

Wir dürfen der Geschichte also nicht den Rücken kehren oder sie, wie in Orwells Roman *1984* beschrieben, auslöschen, sondern müssen weiter »in den Tiefen der Vergangenheit« graben. Nicht, »um sie in ihrer ursprünglichen Form wiederzubeleben«, wie es die Politik der Nostalgie will, »sondern um sie in neuen Formen und Gestalten überleben zu lassen«. Für dieses Überleben in neuen Formen und Gestalten ist nicht nur eine gemeinsame Welt vonnöten, sondern auch Kreativität, Vorstellungskraft und die Aktivität des Denkens, eine Aktivität, die, in Arendts Worten, »eine Bresche zwischen Vergangenheit und Zukunft schlagen« kann. Denken unterscheidet sich von Wissen oder Erkenntnis, weil es sich auf die neuen, noch nicht realisierten Möglichkeiten konzentriert, während sich Wissen und Erkenntnis auf die Fakten des Status quo beziehen. Um denken zu können und eine Bresche zwischen der Zukunft und der Vergangenheit schlagen zu können, brauchen wir also in erster Linie die Kraft der Imagination. Wie aus ihrer Darstellung des Eichmann-Prozesses hervorgeht, ist für Arendt die Freiheit des Denkens bzw. deren Mangel, die Gedankenlosigkeit, ein prägendes Element für die demokratische Substanz einer Gesellschaft. In *Heimwee naar de mens* (Heimweh nach dem Menschen) habe ich gezeigt, wie Arendt einen Zusammenhang zwischen unserer Fähigkeit zu denken einerseits und unserer Fähigkeit, Recht von Unrecht zu unterscheiden, andererseits herstellt; hier möchte ich insbesondere die Beziehung zwischen Zeit und Denken untersuchen.

Die Bresche, die das Denken zwischen Vergangenheit und Zukunft schlägt, wird von Arendt in *Vom Leben des Geistes* auch *nunc stans* genannt: die Zeitspanne, in der Zukunft und Vergangenheit für die Dauer eines »ewigen Augenblicks« auseinandergehalten werden, sodass für einen Moment ein »stehendes Jetzt«[102] entsteht. Arendt entnimmt den Begriff der mittelalterlichen Philosophie und beschreibt ihn als den vom Denken gebahnten Weg, den schmalen kaum sichtbaren Pfad »von Nicht-Zeit, den die Tätigkeit des Denkens in die dem geborenen und sterblichen Menschen gegebenen Raum-Zeit geschlagen hat«.[103] Sie illustriert diesen Gedanken mit einem Gleichnis von Kafka über einen Mann, der mit zwei Gegnern kämpfen muss, »der erste bedrängt ihn von hinten, vom Ursprung her. Der zweite verwehrt ihm den Weg nach vorn«. Gegen beide muss er immer wieder kämpfen, aber sein Traum ist es, »dass er einmal »in einem unbewachten Augenblick [...] aus der Kampflinie ausspringt und wegen seiner Kampfeserfahrung zum Richter über seine miteinander kämpfenden Gegner erhoben wird«.[104]

Es ist genau diese Position des urteilenden Richters, die Arendt in ihrer Beschreibung der Zeit des Denkens im Sinn hatte. Indem der Mensch über die

Vergangenheit nachdenkt und die Zukunft antizipiert, hält er die beiden Gegner auseinander und schafft Raum für die Zeiterfahrung des *nunc stans* oder der kairotischen Zwischenzeit: »Die Gegenwart, im gewöhnlichen Leben die zweifelhafteste und schlüpfrigste Dimension der grammatischen Zeiten [...] ist nichts anderes als der Zusammenstoß einer Vergangenheit, die nicht mehr ist, mit einer Zukunft, die heranrückt und noch nicht ist. Der Mensch lebt in diesem Zwischen.«[105] Nur aus diesem »Zwischen«, so Arendt, kann ein neuer Gedanke entstehen, »der der Vergänglichkeit gewachsen ist« und somit als Gegengewicht zu unserer Melancholie gelten kann. »Diesem Pfad folgen die Gedankengänge, die Erinnerung und das Vorausdenken und retten alles, was sie berühren, vor dem Ruin durch die historische und biographische Zeit.«[106] Wir sollten uns also nicht allzu hingebungsvoll in eine (technologische) Zukunft stürzen und jede App, jeden Roboter oder jedes digitale Gadget kritiklos willkommen heißen, wir dürfen aber auch nicht melancholisch in Nostalgie versinken; wir sollten aufmerksam und wachsam »gegenwärtig« sein »bei dem, was geschieht«. Aus dieser reflexiven Haltung heraus, die in einem »unbewachten Moment« dem Tanz der Uhrzeit entgeht, wird das Denken selbst mit einer anderen Zeitdimension aufgeladen. Es ist also durchaus wahrscheinlich, so Arendt weiter, dass »das merkwürdige Überleben großer Werke, […] dem zu verdanken ist, dass sie auf dem schmalen, kaum erkennbaren Pfad von Nicht-Zeit geboren wurden, den das Denken ihrer Schöpfer zwischen einer unendlichen Vergangenheit und einer unendlichen Zukunft geschlagen hatte.«[107]

Der denkende Mensch lebt in einem Zustand, den Arendt als »eine fortdauernde Gegenwart inmitten der ständig sich wandelnden Flüchtigkeit der Welt«[108] beschreibt. Diese »Lücke zwischen Vergangenheit und Zukunft« ist der Ort, an dem Erinnerungen und Traditionen vor der Zerstörung bewahrt werden können, an dem uns aber auch die Hoffnung auf einen Neuanfang entgegenkommt. Arendt beschreibt sie als »die Ruhe des Jetzt in der von der Zeit bedrängten, umhergeschleuderten Existenz des Menschen«.[109] Sie nennt sie auch »die Ruhe im Zentrum eines Sturms, die zwar etwas völlig anderes ist als der Sturm, aber doch zu ihm gehört«.[110] Dieses kontemplative und kreative Denken muss natürlich eingeübt werden und fällt uns nicht einfach zu. Gerade deshalb ist für Arendt Bildung für die Entwicklung dieses schöpferischen, von Fantasie und Hoffnung motivierten Denkens von solch großer Bedeutung.

In »Die Krise in der Erziehung« (1958) argumentiert Arendt dafür, dass Unterricht über Geschichte, Kunst und Geisteswissenschaften das Wissen über die Tradition mit der Vorstellungskraft des Denkens verbindet und die moralische und kulturelle Sensibilität der Schüler stimulieren kann. In der schulischen Bildung geht es nicht nur um die Vermittlung von Faktenwissen, sondern vor allem um Ermutigung und Inspiration zu Neuinterpretationen der Vergangenheit und der kulturellen Traditionen, aus denen der Funke eines Neuanfangs entspringen kann. »Unsere Hoffnung hängt immer an dem Neuen, das jede Generation bringt«[111], schreibt Arendt, aber diese Hoffnung muss in der Schule beflügelt werden.

Sprache, Literatur und Poesie sind für dieses Denken gleichermaßen unentbehrlich, denn wenn wir denken, tun wir dies sprachlich. Sprache ist daher die *conditio sine qua non* für jeden Neubeginn. Die Aufmerksamkeit, die man der Entwicklung, Bereicherung und Kultivierung von Sprache innerhalb des Unterrichts widmet, kann daher nicht groß genug sein, meint Arendt, die nicht nur Hunderte von Gedichten auswendig kannte, sondern auch selbst zahlreiche Gedichte verfasst hat. Denn jede Neuinterpretation der menschlichen Erfahrung oder der menschlichen Existenz kann nur in und mit Hilfe der Sprache erfolgen. In diesem Sinne können wir auch die bekannte biblische Aussage »Im Anfang war das Wort« umdrehen: »Im Wort liegt der Anfang.«

WIR FLÜCHTLINGE

Neben dem Grad an Aufmerksamkeit und Verantwortung für die politisch-kulturelle Welt, dem Wert, der einer blühenden Debattenkultur beigemessen wird, in der man versucht, »repräsentativ« und nicht polarisierend zu denken, dem politischen und sozialen Engagement der Bürger und einer guten Bildung für alle, ist auch der Umgang mit Flüchtlingen ein Indikator für die demokratische Qualität einer Gesellschaft. 1943 veröffentlichte Arendt den Essay *»We Refugees«*, der erst 1986 unter dem Titel »Wir Flüchtlinge« auf Deutsch erschien. 1951 erschien ihr Text »The Decline of the National State and the End of Human Rights« (auf Deutsch: »Der Niedergang des Nationalstaats und das Ende der Menschenrechte«, 9. Kapitel in *Elemente und Ursprünge totaler Herrschaft*, 1955), in dem sie die Frage nach dem Wesen und der Natur des Flüchtlingsdaseins stellt. In den Dreißigerjahren hatte sie selbst vor den Nazis fliehen müssen und war nach einigem Umherirren durch Europa nach Amerika gelangt, wo sie zwölf Jahre lang staatenlos blieb. Dies führte dazu, dass Arendt den Flüchtling in erster Linie als Staatenlosen auffasste, also als jemanden, der vor dem Krieg oder der Gewalt des eigenen Landes geflohen ist, damit aber auch seine Bürgerrechte verloren hat. Bei ihrer Analyse des Stroms der Staatenlosen, Heimatlosen und

Flüchtlinge, der vor allem nach dem Ersten Weltkrieg in Europa einsetzte, stellt sie fest, dass diese Menschen nicht mehr rechtlich geschützt waren, weil »das noch immer in Form von gegenseitigen Vereinbarungen und Verträgen zwischen souveränen Staaten funktioniert«.[112]

Die Menschenrechte werden, mit anderen Worten, von den souveränen Staaten garantiert. Die Tragik des Flüchtlings liegt darin, dass er durch seine Flucht aus diesem Schutzverhältnis seines souveränen Staates herausfällt; er wird nicht nur staatenlos, sondern auch rechtlos. Diese Rechtlosigkeit ist eine besonders verletzliche Position, weil der Flüchtling keinen Anspruch mehr auf eine menschenwürdige Existenz mit einer Arbeit, einer Ausbildung und einer Gemeinschaft hat, an der er teilhaben kann. Die Rechtsphilosophin Nanda Oudejans sagt dazu in *Asylum. A Philosophical Inquiry into the International Protection of Refugees*: »Wenn wir bedenken, dass Rechte und Freiheiten immer räumlich begrenzt sind und diese Grenzen dem Menschen als Bürger einen rechtlich garantierten eigenen Platz geben, erkennen wir in aller Deutlichkeit die Bedeutung der Schutzlosigkeit, mit der sich der Flüchtling konfrontiert sieht, sobald er die Grenze überschreitet. Er verliert nicht nur den Schutz, den ihm sein Staat gewährt, sondern auch und vor allem seinen eigenen Platz, der ihm verbürgt ist und wo er zu Hause ist.«[113]

Hannah Arendt plädiert daher für die Einführung eines »Rechts auf Rechte« für Flüchtlinge und Staatenlose, das durch internationale Abkommen garantiert werden sollte. Nun haben wir gerade die Flüchtlingskonvention aufgestellt, um die verletzliche Rechtsposition von Flüchtlingen zu schützen. Sie besagt unter anderem, dass wir Flüchtlinge nicht in Länder abschieben dürfen, in denen ihr Leben ernsthaft bedroht ist. Aber die Konvention besagt auch, dass wir die Flüchtlinge in die Lage versetzen müssen, einen Neuanfang zu machen und ihr eigenes Leben fortzuführen. Insbesondere ihre Rechte auf Bildung, Arbeit und Wohnen scheinen jedoch zunehmend untergraben zu werden. Man ist zwar dazu bereit, die Flüchtlinge vorübergehend aufzunehmen, die Politik ist jedoch hauptsächlich auf Rückführung ausgerichtet. Dies steht im Widerspruch zu Artikel 34 der Flüchtlingskonvention, der die Staaten auffordert, die Integration von Flüchtlingen zu erleichtern. »Statt uns blind auf die Rückkehr in die ›Heimat‹ zu fixieren, sollten wir dafür sorgen, dass den Flüchtlingen ihrer Rechte auf ein Leben in Würde ›hier und jetzt‹ und nicht ›später und dort‹ zugesichert wird«, meint Oudejans.

Das Problem besteht jedoch darin, dass die Staaten offenbar selbst entscheiden können, inwieweit sie sich an diesen Artikel halten wollen. Flüchtlinge sind als Staatenlose der Willkür der Aufnahmestaaten ausgeliefert. Diese Staaten sind immer weniger dazu bereit, sie als »Asylsuchende« im eigentlichen Sinne zu sehen, sondern behandeln sie als zeitweilige Besucher, die so schnell wie möglich ausreisen sollten. Die Frage, die wir mit Arendt stellen sollten, ist, ob wir den Flüchtlingen das »Recht auf Bürgerrechte« und die Chance auf ein menschenwürdiges Leben zurückgeben können. Lassen wir sie an unserer Gemeinschaft, an unserer Gesellschaft teilhaben? Oder, und das ist es, was eigentlich geschieht, wollen wir diese Menschen in Abhängigkeit von unseren Anflügen von Nächstenliebe halten und ihnen nur vorübergehend Bett, Bad und Brot geben – mit der unrealistischen Erwartung, dass sie sehr bald wieder gehen werden, ohne dass wir akzeptieren, dass sie auch »unsere« Mitbürger werden können?

Der Flüchtling, mit dem wir es heute zu tun haben, ist das, was Giorgio Agamben *homo sacer* nennt, »der nackte Mensch«, der nicht mehr vom Gesetz geschützt und aller Bürgerrechte entledigt ist. In der Antike war der homo sacer jemand, der zur *persona non grata* erklärt wurde; er wurde aus der Stadt verbannt und hatte keinerlei Rechte, er war zum »nackten« körperlichen Überleben verurteilt. Auch Arendt kommt auf den homo sacer zu sprechen, wenn sie sagt, dass die Welt »vor der abstrakten Nacktheit des Menschseins keinerlei Ehrfurcht empfunden hat«.[114] Gerade deshalb sollte sich die Diskussion heute darum drehen, wie wir den Flüchtlingen ihr »Recht auf Rechte« zurückgeben können. Wie können wir das organisieren? Wir sollten auch noch andere grundsätzliche Fragen stellen, etwa die Frage, inwieweit wir uns wirklich um das Schicksal von Flüchtlingen kümmern wollen. Wie gastfreundlich wollen wir wirklich sein? Ist Gastfreundschaft noch ein Leitprinzip unserer Demokratie? Bevor wir beginnen, über Zahlen und Verteilungsschlüssel zu reden, sollten wir zuerst diese Diskussion über Gastfreundschaft führen und erst danach, basierend auf dem Ergebnis dieser Debatte, die dazugehörigen Zahlen und Quoten festlegen.

In dem Essay *Von der Gastfreundschaft* stellt der französische Philosoph Jacques Derrida die These auf, dass Gastfreundschaft »das Wesen der Ethik« bestimme und nicht nur »ein willkürliches ethisches Prinzip« sei, dass dieser Wert in letzter Zeit aber einer ernsthaften Inflation ausgesetzt war. Das liegt zum einen am Ausmaß der Flüchtlingsströme, zum anderen daran, dass wir über Flüchtlinge nicht mehr im Hinblick auf Gastfreundschaft, sondern nur noch im Hinblick auf Bedingungen und Regeln nachdenken können oder wollen. Es besteht ein Spannungsverhältnis zwischen dem ethischen und bedingungslosen Recht auf Gastfreundschaft, wie es in der klassischen jüdisch-griechischen, christlichen und islamischen Tradition im Mittelpunkt stand, und den Regeln, nach denen der Staat heute entscheidet, ob er Flüchtlingen

Asyl gewährt oder nicht. Bei seiner Ankunft sieht sich der Flüchtling bereits in ein monatelang, wenn nicht gar jahrelang währendes juristisches Verfahren, mit einem sehr ungewissen Ausgang, verstrickt. Dieses formale Verfahren schließt die ethische Beteiligung der Bevölkerung größtenteils aus.

Eine mögliche Antwort darauf sucht Derrida in dem, was er »Fluchtstädte« nennt. Gastfreundschaft ist etwas, das ein Mensch gegenüber einem anderen empfinden kann, doch der ethische Appell geht teilweise verloren, sobald sie in nationale Politik umgesetzt wird. Derrida legt dar, dass ein Dorf oder eine Stadt ihr Handeln noch an die persönliche Beziehung anpassen kann, die sie zu jemandem eingegangen ist. Fluchtstädte sollten daher unabhängig vom Staat agieren können, um so den Asylsuchenden, den Staatenlosen und den Flüchtlingen wieder zu einem Gast machen zu können. Eine Reihe von niederländischen Gemeinden hat die Regierung im vergangenen Jahr um mehr Freiheit gebeten, um die Aufnahme von Flüchtlingen selbst zu regeln. Der Vorsitzende des Verbands niederländischer Gemeinden VNG, Jos Wienen, wies darauf hin, dass dies »für weniger Leerlauf unter den Asylsuchenden sorge« und auch »die Akzeptanz bei der einheimischen Bevölkerung erhöhe«. Es könnte der Beginn einer humaneren und gastfreundlicheren Aufnahme von Flüchtlingen sein, die ihnen die Chance auf ein menschenwürdiges Dasein bietet.

Wenn Gastfreundschaft das Herzstück unseres ethischen Bewusstseins ausmacht, dann sollten wir auch die Flüchtlingsdebatte in diesem Sinne führen. Gerade heute sollten wir uns in Bezug auf die Flüchtlinge auch auf eine Form des »repräsentativen Denkens« einlassen, indem wir uns vorstellen, wie es ist, nicht nur sein Land, sein Zuhause, seinen Job und seinen Besitz zu verlieren, sondern auch den Schutz seiner Bürgerrechte. Wir sollten uns mit einer »erweiterten Denkungsart« in die Situation hineinversetzen, staatenlos und damit entrechtet zu sein. Und wir sollten darüber nachdenken, ob wir noch mit uns selbst leben könnten, wenn wir alle anderen ihrem Schicksal überlassen. Stattdessen hält in die Flüchtlingsdiskussion jedoch eine zunehmend hartherzigere Form des Wir-gegen-sie-Denkens Einzug. Flüchtlinge als »Glückssucher« zu bezeichnen ist eine zynische Formulierung, die von völliger Empathielosigkeit zeugt.

Eines der wichtigsten Elemente totalitärer Regime – Arendt spricht bewusst nicht von Ursachen, weil sie nicht glaubt, dass die Geschichte einem notwendigen Ablauf folgt – ist die Aufhebung der Pluralität, also der Versuch, »die unendliche Vielfalt menschlicher Wesen« in eine einheitliche Masse zu verwandeln. Nach dem Säen von Angst und der Verbreitung von Propaganda ist der nächste Schritt die Annullierung der juristischen Person »andersartiger« Menschen – Migranten, Flüchtlinge oder Staatenlose –, indem man sie außerhalb des Gesetzes stellt und ihnen den Stempel der Illegalität aufdrückt. Damit wird auch die moralische Person in diesem »illegalen« Menschen annulliert, denn das Leid, das ihm widerfährt, ja sogar sein Tod richten keinen moralischen Appell mehr an uns; sein Tod »war nur die Besiegelung dessen, dass es ihn niemals gegeben hat«.[115] Auf diese Weise wird er zum homo sacer gemacht. Was unter anderem dazu führt, dass unser Gewissen eingelullt wird. Denn wie sollte uns die Sorge um jemanden den Schlaf rauben können, der nicht »wirklich«, im rechtlichen oder moralischen Sinne, existiert?

Im Laufe der Geschichte hat es oft Zeiten gegeben, in denen sich die öffentliche Welt so sehr verfinsterte, dass sich die Menschen nur noch um ihre eigenen Belange kümmerten, keine gemeinsame Verantwortung für die Welt mehr empfanden und für die öffentliche Sphäre der Politik und Regierung nur noch Verachtung übrighatten. Dabei handelt es sich um eine Form sozialer Depression. Es stellt sich die Frage, ob wir heute wieder in solchen »finsteren Zeiten« angelangt sind. Nationalismus, Intoleranz und Fremdenfeindlichkeit sind wieder auf dem Vormarsch, die Verachtung für Politik und den öffentlichen Raum ist groß, das Verantwortungsgefühl für und die Verbundenheit mit der Welt sind gering. Hannah Arendt warnt vor der Weltlosigkeit, die in solchen Zeiten bedrohlich über unseren Häuptern schwebt: »eine so furchtbare

Verkümmerung aller Organe, mit denen wir der Welt zugewandt sind – von dem Gemeinsinn oder gesunden Menschenverstand angefangen, mit dem wir uns in einer gemeinsamen Welt orientieren, bis zu dem Schönheitssinn oder Geschmack, mit dem wir die Welt lieben.«[116] Eine solche Weltlosigkeit führte in der Geschichte fast immer zu Barbarei und einer entmenschlichten Menschheit. Umso mehr gilt es zu verhindern, dass Menschlichkeit wieder »zu einer Phrase oder einem Phantom«[117] wird.

9

MELANCHOLIE DER HOFFNUNG

Es kommt darauf an, das Hoffen zu lernen.

– ERNST BLOCH

Melancholie ist das, was uns als Menschen verbindet, aber unter dem Druck der gesellschaftlichen und politischen Verhältnisse kann sie auch zu etwas werden, was uns spaltet und trennt. Wir befinden uns in einem Moment der Geschichte, in dem sich Letzteres wieder zu ereignen droht und wir uns weiter voneinander entfernen, statt uns näher zu kommen. Wir verstecken uns hinter unserem eigenen Label und ziehen uns in unsere eigene *Bubble* zurück; wir leben in getrennten Welten, die es schwierig, wenn nicht gar unmöglich machen, einander zu verstehen. Dabei gibt es bei genauerer Betrachtung der Existenzweise des Menschen doch viel mehr, was uns verbindet, als was uns trennt. Viele Aspekte dieser Existenzweise sind hier bereits zur Sprache gekommen, so die Bausteine unserer Melancholie wie das Bewusstsein für Verlust und Endlichkeit und die geteilten Erfahrungen unserer frühen Kindheit, aber auch unsere Fähigkeit, mit einer erweiterten Denkungsart zu denken, und unser kreatives Vermögen, einen neuen Anfang zu machen. All dies teilen wir seit jeher miteinander, über die Jahrhunderte und Kulturen hinweg haben wir Erzählungen darüber ausgetauscht.

Die Melancholie des Verlustes wird von dem Versprechen und der Hoffnung auf einen Neuanfang begleitet; auch in dieser Hinsicht sind wir zweistimmige Wesen, in denen sich die ambivalenten Gemütszustände von Freude und Trauer vereinen. Das ist es, was uns als Menschen anrühren und uns eine Erfahrung der Zusammengehörigkeit eröffnen kann. Die kalten Mechanismen des marktwirtschaftlichen Denkens berühren uns nicht und sind nur schwache Aufgüsse unserer Menschlichkeit, darauf ausgerichtet, aus unserer Lust an der Bedürfnisbefriedigung Profit zu ziehen. Die Liebe und die Kunst erinnern uns an unsere Zweistimmigkeit, genau wie das Denken, das nicht nur eine Bresche zwischen dem Ich und dem Selbst, sondern auch zwischen Vergangenheit und Zukunft und dem Ich und dem anderen zu schlagen versucht. Für das Denken sind wir, ebenso wie für die Kunst und die amor mundi, auf eine gute Bildung und eine blühende politisch-kulturelle Welt angewiesen, die es ermöglicht, uns über unsere primäre Lustbefriedigung zu erheben und den Schritt in die Freiheit zu tun. Denn nur dort kann der Neubeginn dank der Anwesenheit der anderen einsetzen, sodass wir nicht mehr in der Einsamkeit unseres Bewusstseins der Vergänglichkeit auf den Tod ausgerichtet sind, sondern uns an dem Versprechen des Anfangs, der neuen Initiative, des neuen, gemeinsamen Beginns orientieren.

Wir brauchen die Erzählungen anderer, um uns von ihnen inspirieren zu lassen und um über die Grenzen unserer »Washeit« für diese Möglichkeiten empfänglich zu werden. Einer der melancholischsten und inspirierendsten Denker, der darüber geschrieben hat, ist der deutsch-jüdische Philosoph Ernst Bloch (1885–1977). In seinem Werk *Das Prinzip Hoffnung* hat er seine Wehmut über das, »was fehlt«, in ein leidenschaftliches Plädoyer für die Hoffnung verwandelt. In diesem reichen und leidenschaftlichen Werk verbindet Bloch politische und philosophische Analysen miteinander, und er interpretiert alte Mythen, Sagen, Musik, Kunst und Literatur, um zu belegen, dass der Mensch trotz oder gerade dank seines melancholischen Bewusstseins des Verlustes ein Wesen ist, das hofft und sich sehnt. Es sind vor allem die Gefühle von Hoffnung und Erwartung, die den Menschen dazu anspornen können, sich mit der gegenwärtigen Welt, der gegenwärtigen Gesellschaft oder dem Status quo nicht zufriedenzugeben, ausgetretene Pfade zu verlassen, den Kurs zu ändern und sowohl sich selbst als auch die Gesellschaft weiterzuentwickeln.

»Wer sind wir? Wo kommen wir her? Wohin gehen wir? Was erwarten wir? Was erwartet uns? Viele fühlen sich nur als verwirrt. Der Boden wankt, sie wissen nicht warum und von was.«[118] Diese einleitenden Sätze, von Bloch in den fünfziger Jahren geschrieben, scheinen dieser Tage explizit für *uns* geschrieben worden zu sein. Wie Hannah Arendt war Bloch vor den Nazis geflüchtet und in New York gelandet, wo er ein Buch schrieb, das gerade heute zu uns zu sprechen scheint, mag auch sein Werk noch weit weniger beachtet werden als das von Arendt. Die beiden haben einander kaum oder gar nicht gekannt, befassten sich aber mit denselben Fragen: Woraus können die Menschen noch Hoffnung schöpfen, wenn Ohnmacht, Misstrauen und Uneinigkeit sie in eine moralische Depression führen, die den nationalistischen Mythen und opportunistischen Lügen, mit denen neue Führer Macht über sie zu gewinnen versuchen, nichts entgegenzusetzen hat. Wo findet sich der Moment des Widerstands oder der Kipppunkt, an dem sich unsere Melancholie in Kreativität und Solidarität verwandelt, statt in Verzweiflung, Trägheit und Gleichgültigkeit zu versanden?

Suchend tasten wir um uns her, um Erzählungen

und Ideale zu finden, die uns inspirieren oder wieder miteinander verbinden können. In genau dieser Suche hat Bloch die Funktion des Prinzips Hoffnung gesehen. Diese Hoffnung entspringt der melancholischen Erfahrung, dass der Mensch nie ganz mit sich selbst eins sein kann und in seinem Erleben der Gegenwart immer »etwas zu fehlen scheint«.[119] Hoffnung ist für Bloch mit anderen Worten die Kehrseite der Melancholie. Sie sorgt dafür, dass wir es mit unserer Schwarzseherei nicht zu weit treiben und uns nicht zu sehr auf Verlust fixiert sind, sondern den Blick auf »das noch nicht Bewusste, das noch nicht Realisierte« richten, das noch nirgendwo existiert, aber doch existieren könnte und daher seinem Wesen nach utopischer Natur ist.

»Es kommt darauf an, das Hoffen zu lernen«, schreibt Bloch im Vorwort zu *Das Prinzip Hoffnung*, »denn der Affekt des Hoffens geht aus sich heraus, macht die Menschen weit, statt sie zu verengen«.[120] Die wichtigste Funktion dieser »utopischen Hoffnung« besteht darin, uns zur Kritik des Bestehenden zu befähigen. Wir versinken nämlich in Melancholie und landen in einer Sackgasse, sobald wir diese Fähigkeit verlieren. In einem Zwiegespräch mit dem deutschen Philosophen Adorno aus dem Jahr 1964 sagt Bloch, dass er diese Sackgasse sowohl vor als auch hinter der Berliner Mauer wahrgenommen habe: »Sowohl der Ostblock als auch die westlichen Gesellschaften sitzen in dem gleichen unerfreulichen Boot, das alle utopischen Sehnsüchte verbannt hat.«[121] Das Ergebnis war, dass beide Machtblöcke immer technokratischer und unmenschlicher wurden, unfähig, etwas Wesentliches an den Missständen und Ungerechtigkeiten der Welt zu ändern. »Eine Karte der Welt verdient nicht einmal einen Blick, wenn das Land Utopia auf ihr fehlt«[122], zitiert Bloch zustimmend den Schriftsteller Oscar Wilde.

Wir können die Hoffnung auf eine noch nicht realisierte Zukunft nicht konkret beschreiben, werden aber dennoch von einer Sehnsucht danach getrieben. Worauf beruht diese Sehnsucht? Im Kapitel »Melancholie der Erfüllung«[123], aber auch an anderer Stelle, beschreibt Bloch, wie sehr der Mensch der Hoffnung bedarf, weil er ein sprachliches und dialogisches Wesen ist, das nicht mit der Summe seiner äußeren Merkmale – allen Antworten auf die Frage, *was* er ist – identisch ist, sondern sich auch zu seinem inneren und dunklen, weil unsichtbaren und unmessbaren Kern verhält. Gerade wegen dieser Zweistimmigkeit, der wir zuvor schon bei Salomé, Nietzsche und Arendt begegnet sind, steht der Mensch in einem ständigen Dialog mit sich selbst. Wegen dieses unaufhörlichen Gesprächs, in dem die Gegebenheiten seiner Washeit ständig gegen das Licht gehalten werden, bleibt er ein Wesen im Werden. Abhängig von vielen unterschiedlichen Faktoren, etwa der Lebensphase, in der wir uns befinden, den Erfahrungen, die wir gemacht haben, oder den sozialen Umständen, in denen wir leben, werden wir diesen erweiterten Reisepass immer wieder neu interpretieren. Der Sinn der menschlichen Existenz liegt für Bloch gerade in diesem Prozess des Werdens, der den Menschen von den Dingen und von allen übrigen Lebewesen unterscheidet.

Unsere Sehnsucht und unsere Hoffnung werden von einem melancholischen Gefühl des Verlustes oder des Mangels genährt, das Bloch mit dem berühmten Zitat von Bertolt Brecht als »Etwas fehlt«[124] beschreibt. Etwas fehlt uns, weil wir den dunklen inneren Kern unseres Selbst, den Arendt als Daimonion bezeichnete, nie ganz fassen können; er entgleitet uns gleichsam in dem Moment, in dem wir ihn in Worte zu fassen versuchen. Das ist nicht allein darauf zurückzuführen, dass sich dieses Selbst ständig von neuen Empfindungen, Erfahrungen und Eindrücken nährt und in diesem Sinne unbegrenzt ist, sondern auch darauf, dass es sich zum Teil aus den frühesten vorsprachlichen Erfahrungen unserer Kindheit bildet. Bloch weist noch auf einen anderen Verlust hin, der gleichsam vom Sprechen selbst verursacht wird. Obwohl die Sprache es uns erst ermöglicht, Geschichten zu erzählen, sorgt sie auch dafür, dass unser Verständnis von dem, »wer« wir sind, immer erst einen Bruchteil später kommt als die unmittelbare Erfahrung unseres »Wer«. Zwischen dem unmittelbaren Erfahren, dem gelebten Moment, und dessen Versprachlichung, der erlebten Erfahrung, klafft, wie wir zuvor in Bezug auf den Orpheus-Mythos gesehen haben, eine Lücke, die, wie klein sie auch sein mag, unsere Sehnsucht nährt, mit dem gelebten Moment ganz eins zu werden. Auch Bloch bezeichnet dies als ein »Wer«, obgleich es nicht ganz dem »Wer« von Hannah Arendt entspricht, das vor allem anderen erscheint, wenn wir uns sprechend oder handelnd in die öffentliche Welt begeben.

Bloch verbindet dieses »Wer« mit einem weiteren wichtigen Begriff in seinem Werk, den er »das Dunkel des gelebten Augenblicks«[125] nennt. Um etwas zu erleben und zu verstehen, bedarf es einer bestimmten Zeitspanne, die vom Jetzt in die Vergangenheit oder Zukunft reicht, was Arendt *nunc stans* nennt. Sobald das Jetzt erlebt wird, das heißt in einen Sinnzusammenhang eingegliedert wird, ist es schon kein unmittelbar gelebtes »Jetzt« mehr. Der Augenblick geht verloren, wenn wir ihm sprachlich Ausdruck zu verleihen versuchen. Die Distanz zwischen dem gelebten und dem erlebten Moment drückt also einerseits den Verlust aus, den wir als sprachlich-kognitive Wesen immer wieder erfahren, andererseits nährt sie sowohl unsere Melancholie als auch unsere Hoffnung, diese Distanz irgendwann doch zu überbrücken. Weil wir nicht ganz im gelebten Augenblick aufgehen können, bleibt immer etwas, was sich noch nicht verwirklicht hat. Es treibt uns an und ist somit der Motor unserer Entwicklung. Gerade weil der dunkle Kern des »Wer« dynamisch, veränderlich und ständig im Werden begriffen ist und sich gleichsam immer wieder in Richtung noch nicht realisierter Manifestationen verschiebt, werden wir von etwas getrieben, das uns fehlt. Bei einem guten Verlauf beugen wir diesen Mangel jedoch zu einer Hoffnung auf das Mögliche und Neue in der Zukunft um.

Auch für Bloch ist der Mensch also ein melancholisches Wesen, weil er eine Unvollendetheit in sich trägt, auch eine Unfähigkeit, ganz bei sich selbst zu Hause sein zu können, und ihn daher ein ständiges Unterwegs- und im Werden-sein auszeichnet. Der Mensch ist im Grunde ein Nomade, ein Wanderer, der versucht, in sich selbst und bei anderen *heimisch* zu werden. Diese Melancholie spornt dazu an, neue Initiativen in der Welt zu entwickeln. Wir können versuchen, unser Heil im Amüsement oder im Konsum zu suchen, ganz im Sinne der Marktwirtschaft, aber für Bloch verbindet sich damit nur eine Flucht vor der Wirklichkeit des Menschseins und auch ein Stillstand im Prozess der Menschwerdung. Das Ergebnis dieser Lustbefriedigung besteht meist darin, dass wir uns danach noch leerer und bei uns selbst noch weniger heimisch fühlen und daher noch mehr zu Depressionen neigen. Einmal mehr zeigt sich, wie sehr die politische Ideologie des Kapitalismus zur Entwicklung einer »ungesunden« Melancholie mit all ihren Folgen beitragen kann – darauf haben bereits Autoren wie Johannisson, Dehue und Appignanesi hingewiesen.

Schon in *The Human Condition* hat Arendt den Einfluss der Konsumgesellschaft auf den Menschen bis in den letzten Winkel ausgeleuchtet. Obwohl die Konsumgesellschaft die neoliberale Freiheit predigt, ordnet sie den Menschen eigentlich den primären Lebensbedürfnissen unter und reduziert ihn damit auf den Bereich des *oikos* oder *zoe*, des biologischen Lebens, das auf die Befriedigung der Lust und die Erhaltung der Art ausgerichtet ist. Gerade der Übergang zum politisch-kulturellen Bereich der Polis, in der der Mensch seine Melancholie in neue Initiativen verwandeln kann, ermöglicht es dem Menschen, seine beiden wesentlichen Fähigkeiten, Kreativität und Solidarität, zu nutzen und der gemeinsamen Welt Gestalt zu verleihen. Denn diese Welt liegt zwischen den Menschen, wie Arendt unaufhörlich betont, und sie ist auch das, was die Menschen außerhalb des Oikos miteinander verbindet. Wenn wir uns von dieser Welt abwenden und als Konsumenten nur noch mit der Befriedigung unserer Lüste und privaten Interessen beschäftigt sind, wird diese Welt untergehen.

Arendt erkannte schon zu ihrer Zeit, dass die gemeinsame Welt zu zerfallen begann, einerseits durch das ökonomische Rentabilitätsdenken der Politik, andererseits durch den Aufstieg dessen, was sie schon lange vor der Erfindung der sozialen Medien als »das Soziale« bezeichnete. Das Soziale ist ihrer Meinung nach dadurch gekennzeichnet, dass in ihm die Unterscheidung zwischen Privatem und Öffentlichem bzw. Oikos und Polis aufgehoben, Handeln und Sprechen durch Konsum ersetzt worden ist. Im Sozialen gehen eigentlich alle drei Prinzipien verloren, die in ihrem Gedankengut eine so wichtige Rolle spielen: Natalität als die Geburt der neuen Sichtweise oder des neuen Standpunktes, Pluralität als die Manifestation menschlicher Vielfallt und amor mundi als das Engagement und die Verantwortung für die Welt. Diese drei Konzepte können nur realisiert werden, wenn wir uns vom bloßen Überleben oder Konsumieren distanzieren und uns der Übergang vom Oikos zur Polis gelingt. Wenn diese Bereiche aus den oben genannten Gründen vermengt werden, kann kein neuer Anfang gemacht werden und die Pluralität in der politischen Welt keine Gestalt annehmen. Dann bleibt, kurz gesagt, alles beim Alten.

Die Konsumgesellschaft kann keine kulturelle Welt erschaffen, in der sich die Menschen miteinander verbunden fühlen, da sie ihrem Wesen nach vom unmittelbaren Konsum der Produkte bestimmt ist. »Das Problem besteht darin, dass die Konsumgesellschaft unmöglich wissen kann, wie man für die Welt Sorge trägt, da ihre zentrale Haltung gegenüber allen

Dingen die Haltung des Konsums ist«, eine Haltung des Verbrauchens und Verzehrens, wodurch »alles in den Ruin treibt, was sie berührt«[126], schrieb Arendt 1954 in »The Crisis in Culture«. Wenn man nicht für die Welt Sorge trägt und sich im Privaten nur noch im Konsum verliert, wird dies das Verschwinden einer gemeinsamen kulturellen Welt zur Folge haben. Welche möglichen Folgen diese drohende »Weltlosigkeit« haben könnte, beschrieb Arendt auch in »Von der Menschlichkeit in finsteren Zeiten«, der Rede, die sie 1959 bei der Entgegennahme des Lessing-Preises hielt: »Nichts scheint mir in unserer Zeit fragwürdiger als unsere Haltung zur Welt [...], die heute Gegenstand der größten Sorge und der offenbarsten Erschütterung in nahezu allen Ländern der Erde« ist. Die Menschen interpretieren Freiheit zunehmend als die Freiheit, sich nicht mit der Politik oder der Welt einzulassen und immer mehr von ihnen entscheiden sich daher auch dafür, »sich aus der Welt und den Verpflichtungen in ihr zurückzuziehen und sich von den Verpflichtungen in ihr zu befreien.«[127]

Wenn wir von der Politik nur noch erwarten, dass sie sich ganz auf unsere Konsumansprüche konzentriert, und wenn wir es darüber hinaus für selbstverständlich halten, die Welt und den politischen Raum gering zu achten oder der Politik zu misstrauen, dann werden wir uns fast selbstverständlich in »finsteren Zeiten« wiederfinden, wie sie Bertolt Brecht nannte.

Wir gehen dann an der Welt vorbei oder wollen gleichsam hinter sie greifen, »als wäre die Welt nur eine Fassade, hinter der sich Menschen verbergen«[128], und nicht vielmehr »die Welt, die zwischen uns liegt«, schreibt Arendt. Nur in der öffentlichen kulturellen Welt, »in der es viele Stimmen gibt und wo das Aussprechen dessen, was ›Wahrheit dünkt‹, sowohl verbindet wie voneinander distanziert«,[129] kann die Wahrheit oder das, was uns wahr erscheint, im Sprechen vermenschlicht werden und wird nicht nur von der Verteidigung der eigenen Interessen angetrieben. Wenn dieses Sprechen verstummt und sich die Menschen außerhalb der Welt in ihrer Blase oder Gruppe »auf eine einzige Meinung einigten«, würde »die Welt, die sich nur zwischen den Menschen in ihrer Vielfalt bilden kann«,[130] verschwinden.

Mensch zu werden und die Gesellschaft menschlich zu erhalten heißt für Ernst Bloch wie für Hannah Arendt, eine Welt anzustreben, die durch gute Bildung, blühende politische Debatten und eine reiche vielfältige Kultur Gestalt gewinnen kann. Außer Sprechen und Handeln, politische Debatten und proportionale politische Repräsentation tragen auch Kunst und Kultur zum Entstehen dieser gemeinsamen Welt bei. Die Werke von Dichtern, Schriftstellern, Musikern, Theatermachern und bildenden Künstlern werden weder zum Konsum geschaffen noch um uns am Leben zu erhalten, in ihnen versammelt sich gerade heute die einzigartige Fähigkeit, unsere gemeinsame Welt aus den Klauen der Konsumgesellschaft zu befreien. Da Kunst und Kultur die gemeinsame Welt mitgestalten, sollten sie von der Politik geschützt und gefördert werden. Warum sehen wir heute so wenig davon?

Politik und Kunst kommentieren beide die Welt und erhalten sie dadurch aufrecht. Angesichts dessen, dass gerade diese Welt die Domäne der Freiheit und die Geburt des Neuen ist, sind sie Verbündete im Kampf um deren Erhaltung. Sosehr sich auch der Künstler vom Politiker unterscheiden mag, beide brauchen die Öffentlichkeit, um in Erscheinung zu treten. Solange der Künstler sein Werk für sich behält, existiert es faktisch nicht, so wie der Standpunkt des Politikers nicht existiert, bis er ihn öffentlich macht. Kunst und Politik gehören also in erster Linie zur öffentlichen Welt, die zwischen den Menschen liegt. Und sie bilden auch gemeinsam den Bereich, in dem wahre Freiheit herrscht, denn dort geht es nicht um die Sorge um den eigenen Lebensunterhalt oder um private Interessen, sondern im besten Falle um die Sorge füreinander und für die Welt. Arendt zufolge gehören Kunstwerke sogar zu den »weltlichsten aller Dinge«[131], denn wir brauchen die Kunst nicht für unser physisches Überleben, ja wir können Kunst erst betrachten, wenn »unsere lebensnotwendigen Bedürfnisse befriedigt sind«[132], wie sie in »The Crisis in Culture« hervorhebt.

Unsere Kultur ist jedoch bedroht, wenn wir die Künstler, die »authentischen Schöpfer von Objekten, die jede Zivilisation als *Quintessenz* und bleibendes Zeugnis des Geistes, der sie beseelt, hinterlässt«[133], nicht mehr schützen, sondern sie nach ihrem wirtschaftlichen oder Unterhaltungswert beurteilen. Im Laufe des 20. Jahrhunderts entstand eine Konsumgesellschaft, in der die freie Zeit nicht für Selbstwerdung oder Weiterentwicklung, sondern für noch mehr Konsum und Unterhaltung genutzt wurde. Unter dem Einfluss des Kapitalismus scheint auch die Kunst selbst zunehmend »vermarktet« zu werden; gerade wegen dieser Konsumhaltung braucht die Kunst politischen Schutz. Kunst und Kultur existieren nicht auf einer Insel außerhalb der Welt, sie bilden ihr Herz. Gerade sie sorgen dafür, dass die Prinzipien der Natalität und Pluralität in der Welt gewahrt bleiben.

Menschwerdung und die Schaffung einer menschlichen Welt sind sowohl für Hannah Arendt als auch für Ernst Bloch mit einer kontinuierlichen und hoffnungsvollen Erkundung der Möglichkeiten verbunden, die in unserer menschlichen Existenzweise verborgen liegen. Alles, was uns antreibt und bewegt, wird von dieser Hoffnung angefacht. Wir sind nicht nur auf den Tod oder das Ende ausgerichtet, sondern auch auf diese Hoffnung, auf das Versprechen eines Neubeginns. Gerade diese doppelte Orientierung findet auch in unserer Melancholie Widerhall;

sie verbindet die Furcht vor einem einsamen Ende mit der Freude auf einen gemeinsamen Neuanfang. Menschsein ist kein vollendeter oder verwirklichter Zustand, wie etwa ein Ding fertig oder vollendet sein kann, sondern ein Substrat der Möglichkeiten, in denen sich die Seinswerdung vollziehen kann. Das gelingt jedoch nur, wenn wir die Mauern, die wir um unsere »Washeit« gezogen haben, durchbrechen können, unser Blickfeld, inspiriert von den Erzählungen anderer, weiten und anderen gegenüber bekunden können, »wer« wir sind und was uns zutiefst verbindet: dass wir »menschlich« sind und kein Ding, kein Roboter oder Computer. Was bedeutet, dass wir als Menschen unfertige, im Werden begriffene Wesen sind, die die Hoffnung auf Veränderung in sich tragen und nur gemeinsam der Vielfalt der Welt Gestalt verleihen können.

Menschsein bedeutet Blochs Auffassung nach, aus tiefstem Herzen auf etwas gerichtet sein, was sich noch nicht herauskristallisiert hat und sich wieder von uns entfernt, sobald wir uns ihm nähern. Das nährt natürlich unsere Melancholie, aber es zeichnet auch einen Spannungsbogen zwischen dem Möglichen und dem Unmöglichen, dem Sagbaren und Unsagbaren, der Melancholie und der Hoffnung, den wir als Menschen nicht nur ertragen, sondern auch bejahen müssen, um der Entfremdung von uns selbst und anderen Einhalt zu gebieten und etwas

Neues schaffen zu können. Nur innerhalb dieses Spannungsverhältnisses können wir wachsen, uns entwickeln, unsere Verbundenheit erfahren und uns so – was heutzutage nicht ganz unwichtig ist – von den fertigen Dingen unterscheiden. Denn ehe wir uns versehen, betrachten wir uns nicht nur selbst als Dinge, sondern lassen uns auch von diesen Dingen, vor allem jenen mit einem Bildschirm, mitreißen und daran hindern, die Ruhe und Konzentration zu finden, deren wir bedürfen, um die Möglichkeiten zu erkunden, die in unserer menschlichen Verfassung verborgen liegen.

In *Das Prinzip Hoffnung* zeigt Bloch, übrigens ebenso wie Arendt in »The Crisis in Culture«, eindrücklich, dass die Kenntnis der Tradition, der Kunst, der Geschichte, der Wissenschaft und der Philosophie eine Voraussetzung dafür ist, das Unerwartete und das unerklärliche Neue zu schaffen. Gerade diese Disziplinen lehren uns, die Bresche zwischen Vergangenheit und Zukunft zu schlagen, durch die wir einen Blick oder einen *Vorschein* des Neuen erhaschen können. Auf der Suche nach neuen Möglichkeiten und dem Überschreiten von Grenzen wird gerade dort, in der Poesie, der Literatur, der Musik und den Humanwissenschaften, ein Zipfel des Schleiers des »Noch-Nicht-Bewussten«, gelüftet. Sowohl für Bloch als auch für Arendt spiegeln gerade die Künste die menschliche Verfassung und die menschliche

Hoffnung wider, weil sie nicht das suchen, was ist, sondern danach streben, das Bestehende zu transzendieren. Sie inspirieren uns dazu, unsere Melancholie mit der Hoffnung auf neue Möglichkeiten zu vereinen, und gewähren uns eine Vorahnung dessen, was Bloch auch »erfüllte Augenblicke« nennt. In diesen Momenten sieht sich der Mensch in »eine Welt heraufdämmern, in der das noch nicht Verwirklichte bereits wie ein Versprechen hervortritt«. Wir erleben die Zeit dann als eine Uhr ohne Zeiger und fühlen uns für die Dauer dieses »ewigen Augenblicks« bei uns selbst heimisch. In diesen Augenblicken der Überschreitung und höchsten Konzentration fallen wir kurz mit dem dunklen Kern des »Wer« zusammen. Dann betreten wir das wahre Territorium des Menschen, das Bloch als *Spero ergo ero* beschreibt: »Ich hoffe, also werde ich sein.«[134]

Bloch findet diese »transgressiven« Momente in Philosophie, Wissenschaft, Musik und Kunst, aber auch in alltäglichen Erfahrungen wie dem Sinnieren oder Tagträumen, die er als Brutstätte des Novum bezeichnet. Wir müssen uns die Bedeutung dieses Sinnierens und Tagträumens wieder bewusst machen. Wir müssen begreifen, dass Ausruhen, Nichtstun, Tagträumen, sich der Ataraxie hingeben und sogar Langeweile Voraussetzungen für diese »erfüllten Augenblicke« sind. Wenn wir Musik hören, ein Gedicht lesen oder in ein Sinnieren oder Tagträumen verfallen, lichtet sich ein neues Feld von Möglichkeiten, in dem sich die »Unbegrenztheit des utopischen Weitblicks und die Tiefe der erlebten Nähe« einander kurze Zeit begegnen. Das sind die herausragenden Momente der Inspiration, die für den Menschen so wichtig sind.

In einem solchen kairotischen Moment, so Bloch, ist der Mensch wie ein Reiter, der in der tiefsten Nacht auf sich selbst zureitet. Das alte und begrenzte Ich, das möglicherweise noch dem Verlust nachtrauernd im Sattel der bereits erworbenen Gewissheiten sitzt, und das offene und noch nicht gewordene Selbst galoppieren aufeinander zu. Aus ihrem Zusammenstoß, der sich blitzschnell vollzieht, entsteht das Novum, die neue Erkenntnis oder Idee, die uns werden lässt. In diesem »erfüllten Augenblick« sehen wir einen Schimmer des Neuen aufleuchten, das wie ein Leuchtstrahl den Horizont unseres Denkens erhellt und uns die Hoffnung verleiht, dass die Dinge anders und besser werden können. Blochs gesamtes Denken zielt darauf ab, den Menschen die Notwendigkeit dieses schöpferischen Prozesses des Werdens bewusst zu machen. Man ist. Aber das ist nicht genug. Das ist in der Tat das Mindeste.

Bloch zufolge sollten nicht nur die Kunst, sondern auch die Bildung auf diese Momente ausgerichtet sein, weil sie nicht nur dazu beitragen, das Bestehende zu transzendieren, sondern auch den inneren Menschwerdungsprozess motivieren. Hierzu hat Bloch dem klassischen Begriff der *docta spes*, der »gelehrten Hoffnung«, neues Leben eingehaucht. Gerade in Zeiten, in denen Konsumismus, Zynismus und der technokratische Geist vorherrschen, »müssen wir wieder hoffen lernen«, damit wir nicht vergessen, dass wir keine festen Gegebenheiten sind wie Dinge, sondern in der Zeit verankerte Wesen im Werden. »Ich bin. Aber ich habe mich nicht«, schreibt Bloch, »darum werden wir erst.«[135] Es ist gerade dieses Versprechen des Werdens, das uns Hoffnung verleiht.

Blochs Prinzip Hoffnung kann als der unermüdliche Versuch des Heranreichens an das Unerreichbare verstanden werden, das unserem Denken und unserer Vorstellungskraft Flügel verleiht. Gute Lehrer setzen ihre Schüler nicht einfach vor einen Laptop oder ein iPad, sondern versuchen, ihnen durch Erzählungen und Wissensvermittlung die Welt zu erschließen und so die Voraussetzungen für Hoffnung zu schaffen. Denn in der Offenheit, die auf diese Weise entsteht, können Schüler und Studenten aus einer Vielzahl der Sichtweisen und Möglichkeiten diejenige auswählen, die ihnen aufgrund des Gelernten am erstrebenswertesten erscheint. Ganz gleich, wie viele Fakten und Gesetzmäßigkeiten sich Schüler aneignen, von einer erfolgreichen Ausbildung kann erst dann die Rede sein, wenn sie in der Lage sind, diese nach eigenem Ermessen auf eine sich ständig verändernde Realität anzuwenden.

Bildung, die Wiege jeder Gesellschaft, sollte sich zudem viel stärker auf die beiden herausragenden menschlichen Fähigkeiten konzentrieren: die Liebe zum anderen und zur Welt einerseits und die Kreativität und Fähigkeit, das unerwartete Neue zu schaffen, andererseits. Wenn wir den Konkurrenzkampf mit den Dingen, den Robotern, Computern und Apparaten in den kommenden Jahrzehnten nicht verlieren wollen, müssen wir vor allem diese beiden Fähigkeiten, die die Menschlichkeit des Menschen ausmachen, entwickeln. Addieren und Subtrahieren können Computer auch ganz gut, aber das, was Arendt *representative thinking* nennt, sich mit Hilfe von Vorstellungskraft und Sprachvermögen in andere Menschen hineinzuversetzen, und die damit einhergehende Empathie und Solidarität lassen sich nicht programmieren. Ebenso wenig wie die Erkundung des Feldes noch nicht verwirklichter Möglichkeiten, die wahre Kreativität auszeichnet. Die Intuition, die Vorstellungskraft, die Kenntnis der Tradition und die moralische und kulturelle Sensibilität, die notwendig sind, um das, was noch nicht da ist, in einem Vermuten oder »Vorscheinen« aufleuchten zu lassen, werden niemals mit Hilfe von Algorithmen erreicht werden können. Gerade deshalb muss sich die Bildung auf das konzentrieren, was man auch die Bildungsfächer nennt, weil sie die menschliche Erfahrung, die menschliche Tradition und die beiden menschlichen Fähigkeiten schlechthin in den Mittelpunkt stellen und uns »hoffen lehren«.

Aber auch jenseits von Bildung und Kunst sollten wir alle wieder »hoffen lernen«, gerade als Gegengewicht zu unserer Melancholie, damit sie nicht in Verbitterung, Angst, Niedergeschlagenheit und Fremdenfeindlichkeit umschlägt. »Staunen ist der erste Schritt zur Erkenntnis«, wie Louis Pasteur sagte, und uns genau und aufmerksam umschauen, um zu entdecken, wo die neuen Möglichkeiten und Geschichten zu finden sind. Wir haben eine eigene Verantwortung, ganz aufmerksam »bei dem, was heute passiert«, gegenwärtig zu sein. Die bessere Zukunft liegt nämlich nicht so weit von uns entfernt, wie wir manchmal denken. Die neuen Möglichkeiten warten in unserer Nähe auf den wachen, achtsamen und kreativen Geist, der sie im rechten Moment mit dem rechten Staunen hervorzaubert.

Dazu müssen wir uns allerdings eine gewisse Ruhe bewahren. Obwohl sich die Begriffe »Schulung« und »Schule« vom griechischen *scholé* ableiten, was so viel wie Ruhe, Innehalten, Nichtstun bedeutet – Ruhe und der Mut innezuhalten galten als Voraussetzungen für kreatives Denken –, scheint unsere westliche Welt eher einseitig von Chronos regiert zu werden. Es lässt sich kaum leugnen, dass in den letzten Jahrzehnten viele gesellschaftliche Institutionen wie das

Gesundheits- und das Bildungswesen unter den Einfluss es neoliberalen Geistes geraten sind, der die Zeit zu einem ökonomischen Prinzip erklärt und ständig zur Beschleunigung der Produktion, zu Konsum und Leistung anspornt und der Macht des Messens den Vorrang vor der Kraft der Imagination einräumt. Denken hingegen kostet Zeit, ebenso wie es Zeit kostet, Mensch zu werden, und es erfordert eine ruhigere und umfassendere Ausrichtung auf das, was den Menschen ausmacht, als das Kalkulieren, was kurzfristig den größten Profit abwirft.

Lange Zeit stand Blochs Werk ungelesen in den Bücherregalen einiger philosophischer Fakultäten; nun taucht sein Name hier und da wieder auf, ebenso wie die Hoffnung und die Sehnsucht nach neuen Formen der Kreativität, der Politik und der Verbundenheit. Blochs Ansichten stehen im Widerspruch zum mechanistischen Menschenbild, das den Menschen auf eine physische und neurologische Maschine reduziert, die nur mit chemischen Pillen von ihrer Melancholie geheilt werden kann. Wir sind es auch ein wenig leid, uns auf eine womöglich gut geölte Maschine reduzieren zu lassen; es macht uns nur noch deprimierter und mutloser. Der Mensch ist kein Ding, sondern ein dialogisches Wesen, das vor allem von seiner Sehnsucht nach Verbundenheit und nach dem, was nicht messbar, fixierbar oder formulierbar ist, angetrieben wird, woraus er die Hoffnung und das Verlangen schöpft, weiterzugehen. Musik, Theater, Literatur, Geschichte und Philosophie können viel beständigere Kräfte gegen die Krankheiten unserer Zeit sein als Pillen. Gegen den determinierenden Blick von Ärzten, Politikern und Wissenschaftlern, die glauben, den Menschen als intelligente Apparatur erschlossen zu haben, führt Bloch am Ende seines Buches *Das Prinzip Hoffnung* an, dass wir nur deshalb so wenig von unserem menschlichen Kern wissen, weil wir eigentlich noch in unserer eigenen »Vorgeschichte« leben: »Die Wurzel der Geschichte aber ist der [arbeitende,] schaffende, die Gegebenheiten umbildende und überholende Mensch. [Hat er sich erfasst und das Seine ohne Entäußerung und Entfremdung in realer Demokratie begründet,] so entsteht in der Welt etwas, das allen in die Kindheit scheint und worin noch niemand war: Heimat.«[136]

Nicht viele wissen, dass Hannah Arendt nicht nur eine politische Philosophin, sondern auch eine Dichterin war, die in ihren Gedichten noch mehr als in ihren anderen Texten die Melancholie zum Vorschein kommen ließ. »Die Traurigkeit ist wie ein Licht, im Herzen angezündet«, schrieb sie. »Die Dunkelheit ist wie ein Schein, der unsere Nacht ergründet / Wir brauchen nur das kleine Licht der Trauer zu entzünden, / Um durch die lange weite Nacht wie Schatten heimzufinden.«[137] Arendt war in den Fünfzigerjahren literarische Leiterin des amerikanischen Verlags

Schocken Books in New York, wo sie unter anderem Kafka, Benjamin, Scholem und Broch publizierte. Sie umgab sich auch mit Dichtern wie W.H. Auden, der ihr nach dem Tod ihres Mannes 1970 ungeachtet ihres fortgeschrittenen Alters und seiner homosexuellen Orientierung sogar noch einen Heiratsantrag machte. Ihre gemeinsame Liebe zur Poesie und zur Welt war für ihn dafür Grund genug, was übrigens auch für die letzten Lebenspartner von Marguerite Yourcenar und Marguerite Duras galt. Es liegt etwas Bewegendes und Hoffnungsvolles darin, dass wir als Menschen sogar unsere sexuellen Präferenzen durch die Liebe zu einer Person, einem Werk, einem Œuvre und damit auch zur *amor mundi* transzendieren können. Arendt sieht in der Poesie eine Kunstform, die nicht nur dem Denken am nächsten steht, sondern auch eine Wahrheit offenbart, die man von Philosophen weder erwarten kann noch darf, da diese sich in erster Linie mit Reflexion befassen. Das Gedicht, dessen Anfangszeilen ich oben zitiert habe, endet mit den Zeilen: »Beleuchtet ist der Wald, die Stadt, die Strasse und der Baum. / Wohl dem, der keine *Heimat* hat; er sieht sie noch im Traum.«

Wir sind und bleiben Umherirrende in der Welt und in unserem eigenen Leben. Das nährt unsere Melancholie, aber gleichzeitig auch die Hoffnung, dass wir eines Tages doch gänzlich heimisch werden. Es hat keinen Sinn, Grenzen zu ziehen oder Festungen um unsere Labels zu errichten, weder um die unseres Geschlechts noch um die unserer ethnischen Zugehörigkeit und nicht einmal um die unserer sexuellen Orientierung, denn tief in unserem Inneren, auf seelischer und menschlicher Ebene, wollen wir uns verbunden fühlen. Im Kapitel »Melancholie der Erfüllung« schreibt Bloch, dass wir, selbst wenn unsere Wünsche in Erfüllung gehen, im Moment der Erfüllung bereits einen Anflug von Wehmut über das Ausbleiben des höchsten Glücks empfinden, von dem wir dachten, es würde uns zuteilwerden. Jeder kennt das, und genau deshalb sollten wir unseren Fortschrittsdrang und unsere Gier nach Wohlstand und Besitz besser im Zaum halten. Denn sobald unsere Wünsche erfüllt sind, verflüchtigt sich die kurzzeitige Freude schon wieder, und wir spüren, wie eine neue Welle der Melancholie heranrollt. Worum es geht, ist, sich dieser Melancholie zu stellen und sie aufzunehmen in das »ganz gegenwärtig sein« bei dem, was heute mit uns, der Welt und den anderen geschieht. Das wird uns nicht nur uns selbst und anderen gegenüber gnädiger stimmen, sondern auch unsere Streitsucht und unseren Konkurrenz- und Leistungsdruck reduzieren und damit auch die Welt wieder ein wenig menschlicher machen.

Unser Kummer über den Verlust wird sich immer als größer erweisen als unsere Freude über den Gewinn. Gerade deshalb müssen wir die Hoffnung als Kehrseite der Melancholie weiterhin hegen. Wir werden uns selbst zu Rate ziehen müssen, um diese Hoffnung am Leben zu erhalten. Die seltenen Momente, in denen wir in uns selbst heimisch werden, werden immer kurzeitige Erfahrungen der Freude bleiben, doch sie sind von einem goldenen Glanz umgeben, dessen Erinnerung uns noch lange im Gedächtnis bleiben werden. Es war daher von Epikur nicht unvernünftig zu mahnen, dass es gerade die Erinnerungen an diese Momente sind, die wir bewahren sollten, um sie immer wieder ins Gedächtnis zu rufen; denn sie sind es schließlich, die unsere Hoffnung auf bessere Zeiten nähren. Liebe, sowohl zu anderen als auch zur Welt, Solidarität miteinander und die Fähigkeit, das unerwartete Neue zu schaffen, sind die weiteren hoffnungsvollen Wege, die wir in den kommenden Jahrzehnten einschlagen sollten, um Menschlichkeit statt Technokratie zum Leitprinzip der Gesellschaft zu erheben. Denn es steht einiges auf dem Spiel. Durch unser eigenes bescheidenes Bemühen, zu sprechen und zu handeln, müssen wir versuchen, der Pluralität, dem Anrecht und der Möglichkeit, sich voneinander zu unterscheiden, Gestalt zu geben, und wir müssen auch allen anderen die politische Freiheit und die Chance einräumen, sich im öffentlichen Raum in Wort und Tat zu verwirklichen. In diesen Beiträgen zur Welt, ob sie nun im Klassenzimmer, im Parlament, in der Zeitung oder in der

Kneipe stattfinden, liegt das Neue, das unsere Gesellschaft braucht, um im wahrsten Sinne des Wortes demokratisch zu bleiben. Auch in unserem Handeln müssen wir hoffnungsvoll bleiben und dürfen nicht in Zynismus verfallen: Die Entscheidung, doch kein Stück Fleisch zu essen, der Verzicht auf billige Kleidung, die Einführung von Ökostrom, die Hilfe für Flüchtlinge – all dies kann zu einer besseren Welt und damit zur Verwirklichung der eigenen Menschlichkeit beitragen. Wir können sprechend und handelnd uns und den anderen zeigen, wer wir sind und wofür wir stehen wollen. In »Melancholie der Erfüllung« eruiert Bloch, dass es keinen Eintritt ins Paradies ohne den Schatten des Untergangs gibt. Wir werden also unsere Widerstandsfähigkeit gegenüber Verlust und Vergänglichkeit stärken müssen und uns darin üben müssen, von Zeit zu Zeit in die Sonne zu schauen und uns unmögliche Ziele zu setzen; denn wir werden erst dann wirklich menschlich, wenn wir diese noch nicht realisierten Möglichkeiten erkunden. »Denken heißt Überschreiten«[138], schreibt Bloch. Es geht darum, immer wieder von dort, wo wir stehen, aufzubrechen. Es geht nicht um die Ankunft, denn sie wird uns ohnehin mit Melancholie erfüllen, weil das Ziel unseren Erwartungen nie gerecht werden kann. Es geht also um die Kunst des Reisens selbst. In dem kurzen Text »Der Reiz der Reise« erklärt Bloch, dass diese Kunst des Reisens ihren Ursprung in der nomadischen Natur des Menschen hat. Es geht darum, wieder hoffen, sich sehnen und staunen zu lernen. Die Reise muss »freiwillig«[139] sein, schreibt Bloch, und darf keinen beruflichen Verpflichtungen oder andere äußeren nützlichen Zwecken dienen; sie muss lediglich den Wunsch befriedigen, von dort wegzukommen, wo wir sind. So wird das Reisen zum Sinnbild für die Freiheit, interesselos nachzudenken, zu imaginieren und zu träumen und uns von dort aus wieder zu uns selbst zu finden. Gerade während der Reise durch die Fremde und die Distanz und das Heimweh, die sie entstehen lässt, scheint sich uns der dunkle Kern des Wer zu offenbaren. Wenn dieses Heimweh »nicht aus Unlust erregt«[140], sondern von melancholischer Reflexion getragen wird, dann, so Bloch, wird die Fremdheit selbst verzaubert, und wir kehren über einen Umweg wieder heim, sei es in der Fremde oder durch die Anwesenheit fremder anderer.

In diesem Sinne wünsche ich mir, dass wir wieder reisen lernen, statt nur Touristen oder Konsumenten zu sein, und dass wir die Magie, die uns die Passage durch »das heimische Fremdleben«[141] bietet, nutzen, um unsere Ängste vor dem Fremden außerhalb wie innerhalb von uns selbst zu beherrschen. Dann werden wir vielleicht auch lernen, unsere Melancholie der Unruhe zu beherrschen, und müssen nicht gleich wie ein wütender Schwan aufbrausen, sobald ein Fremder auf uns zukommt und in all seiner Ohnmacht und Rechtlosigkeit um Hilfe bittet. Dann werden wir dank dieses Fremden lernen, was es heißt, nicht nur Mensch zu sein, sondern auch Mensch zu bleiben und zu werden.

DANK

Wer denken will, muss auch danken können. Dieser Vokalwechsel ist hier sicherlich angebracht. Gedanken tauchen nicht aus dem Nichts auf, sondern entspringen der Denkarbeit anderer. Im Literaturverzeichnis finden Sie einen Überblick über die vielen Autoren, die mich beim Schreiben dieses Aufsatzes begleitet und inspiriert haben.

An dieser Stelle möchte ich mich bei den Philosophiestudierenden Linda Veldman, Arthur Berkhout und Jarmo Berkhout für ihren kritischen Blick auf diesen Essay und ihre ermutigenden Kommentare dazu bedanken. Danken möchte ich auch meinem Sohn und Studenten der Politischen Philosophie Sebald van der Waal, der von Berlin aus meine Aufmerksamkeit für das schärfte, was sich derzeit in der Welt ereignet, und der mir auch einige wertvolle Anregungen für meine Reflexionen über Melancholie gab.

Ich danke Henk van der Waal und Jaap de Jonge für die sorgfältige Durchsicht des Manuskripts sowie Esther Hendriks, Jasper Velzeboer und Peter Nijssen vom Verlag De Arbeiderspers und Tijn Boon vom Verlag Lemniscaat für ihre redaktionellen Anregungen. Abschließend möchte ich mich bei den Organisatoren des »Monats der Philosophie« (Maand van de Filosofie) dafür bedanken, dass sie mich eingeladen haben, den Essay für das Jahr 2017 zu schreiben, und für das Vertrauen, das sie mir hierbei entgegengebracht haben.

ANHANG

ANMERKUNG DES VERLAGS UND DER ÜBERSETZERIN

Hannah Arendt hat ihre Bücher selbst aus dem Englischen ins Deutsche übersetzt und sie dabei bearbeitet. Dadurch unterscheiden sich die deutschen und englischen Fassungen manchmal stark. Joke J. Hermsen zitiert in der Regel aus den englischen Fassungen. Daher haben auch wir uns – bis auf wenige Ausnahmen – an den Originalausgaben orientiert. Auch haben wir einen für die deutsche Ausgabe ausführlichen Anmerkungsapparat erstellt, anhand dessen die englischen Zitate und die von Joke J. Hermsen benutzten Quellen nachvollziehbar sind, und das Literaturverzeichnis entsprechend ergänzt.

ANMERKUNGEN

1 »Wie Melancholie die leicht gewordene Traurigkeit ist, so ist Humor das Komische, das seine körperliche Schwere verloren hat.« – Italo Calvino, *Sechs Vorschläge für das nächste Jahrtausend. Harvard Vorlesungen*, Hanser, München/Wien 1991, S. 37

2 »La mélancholie, c'est le bonheur d'etre triste.« – Victor Hugo, *Les Travailleurs de la Mer, Tome II* (1892), https://fr.wikisource.org/wiki/Page:Hugo_-_Les_Travailleurs_de_la_mer_Tome_II_(1892).djvu/263

3 But when the melancholy fit shall fall / Sudden from heaven like a weeping cloud, / That fosters the droop-headed flowers all – John Keats, *Ode on Melancholy* (1819), www.poetryfoundation.org/poems/44478/ode-on-melancholy

4 »the supreme capacity of man« – Hannah Arendt, *The Origins of Totalitarianism*, Harcourt Brace Jovanovich Publishers, New York 1973, S. 478

5 Zitiert nach der Schleiermacher-Übersetzung, *Platons Werke*, Berlin 1804 und 1817, S. 323

6 Zitiert nach Aristoteles, Werke, *Problemata Physica*, hg. von Ernst Gumach, übersetzt von Hellmut Flashar, Darmstadt 1962, Bd. 19, 953a, S. 10–12

7 Marsilio Ficino, *Opera omnia.* 2 Bände (Band 1 in zwei Teilen), Bottega d'Erasmo, Torino 1959–1962 (Nachdruck der Gesamtausgabe Basel 1576) Bd. 1, S. 944

8 »Vor ihren Augen sah sie Gott oder Was ist eigentlich soulfulness?« – in: *Sinneswechsel. Gelegenheitsessays*, Kiepenheuer und Witsch, Köln 2015, S. 15–31

9 Ebd., S. 30

10 Robert Burton, *Die Anatomie der Melancholie. Über die Allgegenwart der Schwermut, ihre Ursachen und Symptome sowie die Kunst, es mit ihr auszuhalten*, aus dem Englischen übersetzt [nach der 6., verb. Aufl. 1651] u. mit einem Nachw. vers. von Ulrich Horstmann, Artemis, Zürich [u. a.] 1988, S. 191

11 Zitiert nach Bernd Witte, *Walter Benjamin*, Rowohlt E-Book, 2020

12 Sigmund Freud, *Trauer und Melancholie*, Volk und Welt, Berlin 1982, S. 34

13 Ebd., S. 37

14 Orhan Pamuk, *Istanbul. Erinnerungen an eine Stadt*, Hanser, München 2003, S. 110

15 Ebd., S. 108

16 Ebd., S. 109

17 Ebd.

18 Ebd., S. 112

19 Ebd., S. 113

20 Lou Andreas-Salomé, *Lebensrückblick*, Europäischer Literaturverlag, Bremen 2011, S. 2

21 Ebd.

22 Lou Andreas-Salomé, *In der Schule bei Freud. Tagebuch eines Jahres (1912/1913)*, Ullstein, Berlin 1983, S. 94

23 »Gedanken über das Liebesproblem« in: Lou Andreas-Salome, *Die Erotik. Vier Aufsätze*, Ullstein, Berlin 1992, S. 49

24 Ebd., S. 65

25 Ebd., S. 97

26 Lou Andreas-Salomé, *In der Schule bei Freud. Tagebuch eines Jahres (1912/1913)*, MedienEdition Welsch, Taching 2017, S. 49

27 www.nietzschesource.org/#eKGWB/Za-III-Wanderer

28 Lou Andreas-Salomé, *Die Erotik. Vier Aufsätze*, Ullstein, Berlin 1992, S. 103

29 Erwin Mortier, *Meine zweite Haut*, aus dem Niederländischen von Ira Wilhelm, Suhrkamp, Frankfurt am Main 2000, S. 7

30 Maurice Blanchot, *Der Blick des Orpheus*, Potlatch Books, Berlin 2007, S. 7

31 Claudio Magris, *Verstehen Sie mich bitte recht*, aus dem Italienischen von Ragni Maria Gschwend, Hanser, München 2009, S. 51–52

32 Lou Andreas-Salomé, *Die Erotik. Vier Aufsätze*, Ullstein, Berlin 1992, S. 105

33 Ebd., S. 104–105

34 Lou Andreas-Salomé, *Narzissmus als Doppelrichtung*, Hofenberg, Berlin S. 29

35 Ebd., S. 32

36 www.nietzschesource.org/#eKGWB/Za-I-Verwandlungen

37 Ernst Pfeiffer (Hg.), *Friedrich Nietzsche. Paul Ree. Lou Andreas-Salomé. Die Dokumente ihrer Begegnung*, Insel, Frankfurt am Main 1970, S. 197

38 Aurelius Augustinus, *Bekenntnisse*, Artemis, Zürich 1950, S. 312

39 Henri Bergson, *Einführung in die Metaphysik*, 1903 http://gams.uni-graz.at/archive/get/o:reko.berg.1903/sdef:TEI/get

40 Peter Handke, *Gedicht an die Dauer*, Suhrkamp, Frankfurt am Main 1986, S. 11–12

41 »Nichts kommt zweimal«, in: Wislawa Szymborska, *Hundert Freuden*, aus dem Polnischen von Karl Dedecius, Suhrkamp, Frankfurt am Main 1996

42 »Vom Tod ohne Übertreibung«, in: Wislawa Szymborska, *Die Gedichte*, herausgegeben und übersetzt von Karl Dedecius, Die Brigitte Edition, Band 12, Gruner + Jahr, Hamburg 2006, S. 232

43 Epikur, *Brief an Menoikeus,* www.philo.uni-saarland.de/people/analytic/strobach/alteseite/veranst/therapy/epikur.html

44 Wislawa Szymborska, *Hundert Freuden. Gedichte*, herausgegeben und übersetzt von Karl Dedecius, Suhrkamp, Frankfurt am Main 1986, S. 132

45 Wislawa Szymborska, *Der Augenblick Chwila*, aus dem Polnischen von Karl Dedecius, Suhrkamp, Frankfurt am Main 2005, S. 7

46 Ebd.

47 Aristoteles, *Poetik*, Reclam, Ditzingen 1994, S. 19

48 Roland Barthes, *Die helle Kammer. Bemerkungen zur Photographie*, Suhrkamp, Frankfurt am Main 1998, S. 121

49 Martin Heidegger, *Einführung in die Metaphysik*, Gesamtausgabe 2. Abt., Band 40, Vorlesungen 1923–1944, Frankfurt am Main, Vittorio Klostermann GmbH 1983, Paragraph 59, S. 214, https://archive.org/stream/HeideggerEinfuehrungInDieMetaphysik/Heidegger%2C%20Einfuehrung%20in%20die%20metaphysik_djvu.txt

50 Henri Bergson, *Einführung in die Metaphysik*, in: *Materie und Gedächtnis und andere Schriften*, Deutsch von R. v. Bendemann (Einführung in die Metaphysik), Fischer, Frankfurt am Main 1964, S. 23

51 Henri Bergson, *Zeit und Freiheit*, Athenäum, Frankfurt am Main 1989, S. 171

52 An Franz Xaver Kappus, Borgeby gård, Flädie, Schweden, am 12. August 1904: www.rilke.de/briefe/120804.htm

53 www.youtube.com/watch?v=n03g8nsaBro

54 Darian Leader, *The New Black. Mourning, Melancholia and Depression*, Penguin, New York 2009, S. 207

55 »a partner in sorrow's mysteries« – John Keats, *Ode on Melancholy* (1819), www.poetryfoundation.org/poems/44478/ode-on-melancholy

56 www.nybooks.com/articles/1994/02/17/the-post-communist-nightmare-an-exchange/

57 www.welt.de/debatte/kommentare/article160039053/Die-Angstherrscher-beherrschen-das-Angstvolk.html

58 Sigmund Freud, *Hemmung, Symptom und Angst*, Fischer, Frankfurt am Main 1992, S. 76

59 www.zeno.org/Philosophie/M/Kierkegaard,+S%C3%B8ren/Entweder-Oder/Erster+Teil/Diapsalmata

60 Ebd.

61 Ebd.

62 Ebd.

63 Irvin D. Yalom, *In die Sonne schauen. Wie man die Angst vor dem Tod überwindet*, btb, München 2010, S. 14 ff.

64 Ebd., S. 19

65 Ebd., S. 20

66 Ebd., S. 43

67 Ebd., S. 15

68 Ebd., S. 42

69 Ebd., S. 262

70 »The life span of man running toward death would inevitably carry everything human to ruin and destruction were it not for the faculty of interrupting it and beginning something new« – Hannah Arendt, *The Human Condition*, The University of

Chicago Press, Chicago & London 2018 (1. Auflage 1958), S. 246

71 »[...] a faculty which is inherent in action like an ever-present reminder that men, though they must die, are not born in order to die but in order to begin.« – Ebd.

72 Hannah Arendt, *Das Urteilen. Texte zu Kants Politischer Philosophie*, Piper, München 2012, S. 37

73 Ebd.

74 Ebd., S. 39

75 »But there remains also the truth that every end in history necessarily contains a new beginning; this beginning is the promise, the only ›message‹ which the end can ever produce. Beginning, before it becomes a historical event, is the supreme capacity of man; politically, it is identical with man's freedom.« – *The Origins of Totalitarianism*, S. 478–479

76 »The miracle that saves the world, [the realm of human affairs, from its normal, ›natural‹ ruin] is ultimately the fact of natality, in which the faculty of action is ontologically rooted.« – *The Human Condition*, S. 247

77 Hannah Arendt, *Vom Leben des Geistes. Das Denken. Das Wollen*, Piper, München 1998, S. 179 ff.

78 »Only the full experience of this capacity can bestow upon human affairs faith and hope.« – *The Human Condition*, S. 247

79 www.groene.nl/artikel/homo-sum

80 Hannah Arendt, *Zwischen Vergangenheit und Zukunft*, Piper, München 2012, S. 298

81 »The more people's standpoints I have present in my mind while I am pondering a given issue, and the better I can imagine how I would feel and think if I were in their place the stronger will be my capacity for representative thinking and the more valid my final conclusions, my opinion« – Hannah Arendt, *Between Past and Future*, Viking Press, New York 1968, S. 241

82 *The Human Condition*, S. 179 f.

83 Hannah Arendt, *Menschen in finsteren Zeiten*, Piper, München 2012, S. 129

84 Hannah Arendt, *Was heißt persönliche Verantwortung in einer Diktatur?*, Piper, München 2018, S. 48

85 *Menschen in finsteren Zeiten*, S. 129

86 Ebd., S. 37

87 Hannah Arendt, *Vita activa oder Vom tätigen Leben*, Piper, München 2020, S. 139

88 www.groene.nl/artikel/homo-sum

89 Hannah Arendt, *Über die Revolution*, Piper, München, Zürich 2011, S. 354

90 »This government is democratic in that popular welfare and private happiness are its chief goals; but it can be called oligarchic in the sense that public happiness and public freedom have again become the privilege of the few.« – Hannah Arendt, *On Revolution*, Penguin, London 2006, S. 261

91 »It would be tempting to spin out further the potentialities of councils, but it certainly is wiser to say with Jefferson, begin them only for a single purpos they will soon show for what others they are best Instruments.« – *On Revolution*, S. 359

92 »best instruments, for example, for breaking up the modern mass society, with its dangerous tendency toward the formation of pseudo-political mass movements« – Ebd., S. 279

93 www.groene.nl/artikel/homo-sum

94 »This moment of anticipation is like the calm that settles after all hopes have died. We no longer hope for an eventual restoration of the old world order with all its traditions, or for the reintegration of the masses of five continents who have been thrown into a chaos produced by the violence of wars and revolutions and the growing decay of all that has still been spared. Under the most diverse conditions and disparate circumstances, we watch the

development of the same phenomena — homelessness on an unprecedented scale, rootlessness to an unprecedented depth. Never has our future been more unpredictable, never have we depended so much on political forces that cannot be trusted to follow the rules of common sense and self-interest – forces that look like sheer insanity, if judged by the standards of other centuries.« https://openipub.com/?pub=TheOriginsofTotalitarianism.html

95 www.filmarchives-online.eu/viewDetailForm?FilmworkID=2ab8dd4e3d17fdca0c4918638b49e545&content_tab=deu&set_language=de

96 »Totalitarian propaganda thrives on this escape from reality into fiction, from coincidence into consistency« – *The Origins of Totalitarianism*, S. 352

97 George Orwell, *1984*, neu übersetzt von Frank Heribert, Fischer, Frankfurt am Main 2021, S. 97

98 Maurizio Ferraris, *Manifest des neuen Realismus*, aus dem Italienischen von Malte Osterloh, Vittorio Klostermann, Frankfurt am Main 2014

99 Hannah Arendt, *Wahrheit und Politik*, Wagenbach, Berlin 2006, S. 23

100 »The ideal subject of totalitarian rule is not the convinced Nazi or the convinced Communist, but people for whom the distinction between fact and fiction {i. e., the reality of experience) and the distinction between true and false {i. e., the standards of thought) no longer exist.« – *The Origins of Totalitarianism*, S. 474

101 Interview mit Roger Errera 1974: http://virtueethicsinfocentre.blogspot.com/2017/04/hannah-arendt-interview-with-roger.html

102 Hannah Arendt, *Vom Leben des Geistes*, Piper, München 1998, S. 91

103 Ebd., S. 206

104 Ebd., S. 198

105 Ebd., S. 201

106 Ebd., S. 206

107 Ebd.

108 Ebd., S. 207

109 Ebd., S. 205

110 Ebd.

111 *Zwischen Vergangenheit und Zukunft*, S. 273

112 [For, contrary to the best-intentioned humanitarian attempts to obtain new declarations of human rights from international organizations, it should be understood that this idea transcends the present sphere of international law] which still operates in terms of reciprocal agreements and treaties between sovereign states; [and, for the time being, a sphere that is above the nation does not exist.] – *The Origins auf Totalitarianism*, S. 298

113 https://pure.uvt.nl/ws/portalfiles/portal/1354099/Oudejans_Asylum_28-09-2011.pdf

114 »The world found nothing sacred in the abstract nakedness of being human.« – *The Origins of Totalitarianism*, S. 299

115 »His death merely set a seal on the fact that he had never really existed.« – Ebd., S. 452

116 *Menschen in finsteren Zeiten*, S. 23

117 Ebd., S. 34

118 Ernst Bloch, *Das Prinzip Hoffnung*, Suhrkamp, Frankfurt am Main 1985, S. 1

119 Ebd., S. 1246

120 Ebd., S. 1

121 Adorno/Bloch, *Möglichkeiten der Utopien heute*, ca. 41. Minute, www.youtube.com/watch?v=_w5E2-ABxyQ

122 Ebd., gegen Ende

123 *Das Prinzip Hoffnung*, S. 343

124 Ebd., S. 1246

125 Ebd., S. 343

126 »The Crisis in Future«, in: *Between Past and Future*, S. 211, https://pensarelespaciopublico.files.wordpress.com/2014/02/hannah-arendt-between-past-and-future.pdf

127 *Von Menschen in finsteren Zeiten*, S. 12

128 Ebd., S. 21

129 Ebd., S. 45

130 Ebd.

131 »the wordliest of all things – »The Crisis in Culture«, in: *Between Past and Future*, S. 209

132 »and only where it is done does culture, in the specific sense, come into being« – Ebd.

133 »the authentic producer of those objects which every civilization leaves behind as the quintessence and the lasting testimony of the spirit which animated it« – Ebd., S. 201

134 Ernst Bloch, *Atheismus im Christentum*, Gesamtausgabe, Bd. 14, Suhrkamp, Frankfurt am Main 1968, S. 332

135 www.nzz.ch/weniger_ist_mehr-1.14325281?reduced=true

136 *Das Prinzip Hoffnung*, S. 1628

137 Anne Bertheau, *»Das Mädchen aus der Fremde«: Hannah Arendt und die Dichtung*, Transcript, Bielefeld 2016, S. 278, www.signaturen-magazin.de/hannah-arendt-und-die-dichtung.html

138 *Das Prinzip Hoffnung*, S. 3

139 Ebd., S. 430

140 Ebd., S. 433

141 Ebd., S. 439

BIBLIOGRAFIE

Agamben, Giorgio, *Homo sacer. Die souveräne Macht und das nackte Leben*. Suhrkamp, Frankfurt am Main 2002.

Andreas-Salomé, Lou, *Die Erotik. Vier Aufsätze*, Ullstein, Berlin 1992.

Andreas-Salomé, Lou, *In der Schule bei Freud. Tagebuch eines Jahres (1912/1913)*, Ullstein, Berlin 1983.

Andreas-Salomé, Lou, *Lebensrückblick*, Europäischer Literaturverlag, Bremen 2011.

Andreas-Salomé, Lou, *Narzissmus als Doppelrichtung*, Hofenberg, Berlin 2021.

Appiah, Kwame Anthonym, »Rede bij de uitreiking van de Spinozalens«, übersetzt von Menno Grootveld, aus: *Homo sum, De Groene Amsterdammer*, 30. November 2016.

Appiah, Kwame Anthony, *Eine Frage der Ehre oder wie es zu moralischen Revolutionen kommt*, C. H. Beck, München 2011.

Appignanesi, Lisa, *Mad, Bad and Sad*, Norton & Co., New York 2009.

Arendt, Hannah, *Das Urteilen. Texte zu Kants Politischer Philosophie*, Piper, München 2012.

Arendt, Hannah, *Elemente und Ursprünge totaler Herrschaft. Antisemitismus, Imperialismus, totale Herrschaft*, Piper, München 1986.
Arendt, Hannah, *The Origins of Totalitarianism*, Harcourt Brace Jovanovich Publishers, New York 1973.
Arendt, Hannah, *Menschen in finsteren Zeiten*, Piper, München 2012.
Arendt, Hannah, *Über die Revolution*, Piper, München, Zürich 2011.
Arendt, Hannah, *On Revolution*, Penguin Books, London 2006.
Arendt, Hannah, »The Crisis in Culture«, in: *Between Past and Future*, Blackstone, Ashland 2017.
Arendt, Hannah, *Zwischen Vergangenheit und Zukunft*. Piper, München 2012.
Arendt, Hannah, *Vita activa oder Vom tätigen Leben*, Piper, München 2002.
Arendt, Hannah, *The Human Condition*, The University of Chicago Press, Chicago & London 2018 (1. Auflage 1958).
Arendt, Hannah, *Vom Leben des Geistes. Das Denken. Das Wollen*, Piper, München 1998.
Arendt, Hannah, *Von der Menschlichkeit in finsteren Zeiten. Rede über Lessing*. Piper, München 1960.
Arendt, Hannah, *Was heißt persönliche Verantwortung in einer Diktatur?*, Piper, München 2018.
Arendt, Hannah, *Wir Flüchtlinge*, Reclam, Stuttgart 2016.
Arendt, Hannah, *Heureux celui qui n'a pas de patrie. Poèmes de pensée*, zweisprachige Ausgabe Payot, Paris 2015.
Aristoteles, *Poetik*, Reclam, Stuttgart 1982.
Aristoteles, *Problemata physica*, Werke in deutscher Übersetzung, Bd. 19, Akademie Verlag Berlin 1991.
Aristoteles, *Über die Seele*, Reclam, Stuttgart 2015.
Augustinus, Aurelius, *Bekenntnisse*, Artemis und Winkler, Düsseldorf 2004.

Barthes, Roland, *Die helle Kammer. Bemerkungen zur Photographie*, Suhrkamp. Frankfurt am Main 1985.
Bergson, Henri, *Einführung in die Metaphysik*, Junghans, Cuxhaven 1988.
Bergson, Henri, *Materie und Gedächtnis. Versuch über die Beziehung zwischen Körper und Geist*, Meiner, Hamburg 2015.
Bergson, Henri, *Oeuvres*, Presses Universitaires de France, Paris 1963.
Bergson, Henri, *Schöpferische Evolution*, Meiner, Hamburg 2013.
Bergson, Henri *Zeit und Freiheit. Versuch über das dem Bewusstsein unmittelbar Gegebene*, Meiner, Hamburg 2016.
Blanchot, Maurice, *Der Blick des Orpheus*, Potlatch Books, Berlin 2007.
Blits, Jan H., *Spirit, Soul, and City. Shakespeare's ›Coriolanus‹*, Lexington Books, New York / London 2006.
Bloch, Ernst, *Das Prinzip Hoffnung*, Suhrkamp, Frankfurt am Main 1985.
Bloch, Ernst, »Der Reiz der Reise«, in: *Das Prinzip Hoffnung*.
Brodsky, Joseph, »Brief an einen Präsidenten«, in: *Der sterbliche Dichter. Über Literatur, Liebschaften und Langeweile*, Hanser, München 1998.
Burton, Robert (1621), *The Anatomy of Melancholy*, www.gutenberg.org.
Char, René, *La Parole en Archipel*, Gallimard, Paris 1962.
Cheyne, George (1733), *The English Malady*, Psychology Revivals, Routledge, London 2014.
Couriol, Céline, *Un quinze août à Paris*, Actes Sud, Arles 2014.
Dehue, Trudy, *De depressie-epidemie*, Olympus, Amsterdam 2009.
Derrida, Jacques, *Von der Gastfreundschaft*, Passagen Verlag, Wien 2001.
Doel, Marieke, van den, *Ficino en het voorstellingsvermogen.*

Phantasia en imaginatio in kunst en theorie van de Renaissance (Dissertation), Universität von Amsterdam, Amsterdam 2008.

Erasmus, Desiderius, *Adagia, Vom Sinn u. vom Leben der Sprichwörter,* Manesse Verlag, Zürich 1985. Ficino, Marsilio, *Three Books on Life* (*De triplici vita*, 1489), Medieval & Renaissance Texts & Studies in Conjunction with the Renaissance Society of America, Binghamton, New York 1989.

Frankfurt, Harry, *Bullshit*, Suhrkamp, Frankfurt am Main 2006.

Freud, Sigmund, *Trauer und Melancholie*. Essays. Volk und Welt, Berlin 1982.

Gospodinov, Georgi, *Physik der Schwermut*, dtv, München 2016.

Handke, Peter, *Gedicht an die Dauer*, Suhrkamp Verlag, Frankfurt am Main 1986.

Heidegger, Martin, *Einführung in die Metaphysik*, Gesamtausgabe 2. Abt., Band 40, Vorlesungen 1923–1944, Vittorio Klostermann, Frankfurt am Main 1983.

Heijne, Bas, *Onbehagen*, Ambo/Anthos, Amsterdam 2016.

Heijne, Bas, »Ruttes grote leugen«, in: *NRC Handelsblad*, 27. Januar 2017.

Hermsen, Joke J., *Heimwee naar de mens*, De Arbeiderspers, Amsterdam 2003.

Hermsen, Joke J., *Nomadisch narcisme. Lou Andreas-Salomé, Belle van Zuylen en Ingeborg Bachmann* (Dissertation Universität Utrecht), Kok Agora, Kampen 1993.

Hermsen, Joke J., *Kairos. Een nieuwe bevlogenheid*, De Arbeiderspers, Amsterdam 2014.

Hermsen, Joke J., *Stil de tijd*, De Arbeiderspers, Amsterdam 2009.

Hermsen, Joke J., *The Judge and the Spectator. Hannah Arendt's Political Philosophy*, in Zusammenarbeit mit Dana R. Villa, Peeters, Löwen 1999.

Hermsen, Joke J., *Windstilte van de ziel*, De Arbeiderspers, Amsterdam 2010.

Hoogendijk, Witte und de Rek, Wilma, *Van big bang tot burn-out*, Balans, Amsterdam 2017.

Johannisson, Karin, *Melancholiska rum*, Doniers, Stockholm 2009.

Kierkegaard, Søren, *Der Begriff der Angst*, Reclam, Stuttgart 2016.

Kierkegaard, Søren, *Entweder – Oder. Teil I und II*, dtv, München 2005.

Kristeva, Julia, *Geschichten von der Liebe*, Suhrkamp, Frankfurt am Main 1989.

Leader, Darian, *The New Black. Mourning. Melancholia and Depression*, Hamilton, London 2008.

Lispector, Clarice, *A Descoberta do Mundo*, Rocco, Rio de Janeiro 1998.

Magris, Claudio, *Verstehen Sie mich bitte recht*, Carl Hanser, München 2009.

Mortier, Erwin, *Meine zweite Haut*, Suhrkamp, Frankfurt am Main 2000.

Moskalewicz, Martin, *Melancholy of Progress. The Image of Modernity and the Time-related Structure in Arendt's Late Work*, paper 2008.

Nietzsche, Friedrich, *Also sprach Zarathustra*, Insel, Frankfurt am Main 2001.

Nietzsche, Friedrich, »Tautenburger Aufzeichnungen für Lou von Salomé. Juli–August 1882«, Sämtliche Werke, Bd. 10: *Nachgelassene Fragmente 1882–1884*. De Gruyter, Berlin / Boston 1986.

Orwell, George, *1984*, Fischer, Frankfurt am Main 2021.

Oudejans, Nanda (2011), *Asylum. A Philosophical Inquiry into the International* Protection of *Refugees*, Tilburg University, Tilburg 2011.

Pamuk, Orhan, *Istanbul. Erinnerungen an eine Stadt*, Hanser, München 2003.

Petrarca, *De top van de Ventoux, Het Geheim, Godgewijde ledigheid*, Ambo, Baarn 1990.

Peverall, Judson (2013), *The Political Unconscious of Hannah Arendt: An Encounter with Psychoanalysis*, 2013.

Platon, *Phaidros*, Übersetzt von Friedrich Schleiermacher, Werke Bd. 5, WBG, Darmstadt 2011.

Proust, Marcel, *Auf der Suche nach der verlorenen Zeit*, Suhrkamp, Frankfurt am Main 2011.

Radden, Jennifer, *The Nature of Melancholy. From Aristotle to Kristeva*, Oxford University Press, Oxford 2002.

Reybrouck, David Van, *Gegen Wahlen. Warum Abstimmen nicht demokratisch ist,* Wallstein Verlag, Göttingen 2013.

Rilke, Rainer Maria, *Briefe an einen jungen Dichter. Briefe an eine junge Frau*, Diogenes, Zürich 2006.

Rilke, Rainer Maria, *Duineser Elegien*, Suhrkamp, Frankfurt am Main 1994.

Rousseau, Jean-Jacques, *Bekenntnisse*, Insel, Frankfurt am Main 1985.

Schmid, Wilhelm, *Gelassenheit*, Insel, Frankfurt am Main 2014.

Smith, Zadie (2011), *Sinneswechsel. Gelegenheitsessays*, Kiepenheuer & Witsch, Köln 2015.

Szymborska, Wisława, *Der Augenblick*, Suhrkamp, Frankfurt am Main 2005.

Szymborska, Wisława, *Die Gedichte*. Herausgegeben und übertragen von Karl Dedecius. Die Brigitte Edition, Band 12. Gruner + Jahr, Hamburg 2006.

Taylor, Charles, *Ein säkulares Zeitalter*, De Gruyter, Berlin / Boston 2018.

Tolstoi, Lew, *Der Tod des Ivan Iljitsch*, Insel, Frankfurt am Main 1988.

Verstrynge, Karl, »›Over de brug der zuchten de eeuwigheid in‹. Søren Kierkegaard en de melancholie«, in: *Streven 71*, 2004, S. 499–509.

Wallace, David Foster, *Unendlicher Spaß*, Kiepenheuer & Witsch, Köln 2009.

Westerink, Herman, *Verlangen & vertwijfeling. Melancholie & predestinatie in de vroege moderniteit*, Sjibbolet, Amsterdam 2014.

Yalom, Irvin D., *In die Sonne schauen. Wie man die Angst vor dem Tod überwindet*, btb, München 2008.

Zwagerman, Joost, *De stilte van het licht. Schoonheid en onbehagen in de kunst*, De Arbeiderspers, Amsterdam 2015.

BILDNACHWEIS

S. 6 © Peter Horree Alamy Stock Foto

S. 32 © Staatliche Kunsthalle Karlsruhe